Alois Brandstetter

Vom Schnee der
vergangenen Jahre

Winter- und Adventgeschichten

Residenz Verlag

Advent

In der Vorweihnachtszeit des Jahres 1948 bekamen wir das erste Radio. Meine Eltern waren
ursprünglich sehr gegen das Radiohören eingestellt. Schließlich gaben sie aber auf das Drängen
von uns Kindern in Gottes Namen nach, die
Mutter fuhr nach Wels und brachte ein Gerät nach
Hause.
Der Vater war recht konservativ und sträubte sich
gegen alles Neue, so auch gegen den Volksemp-
fänger des Dritten Reiches. Da steckt der Teufel
dahinter, sagte er. Er war über die Erste Republik
und den Ständestaat hinweg Monarchist geblieben. Die Ablehnung des Volksempfängers war
seine Art des Widerstandes. Er richtete sich gegen
die technische Neuerung, aber auch gegen den
gottlosen Geist, der aus ihr heraustönte. Vater
hatte freilich plausible und praktische Gründe für
seine Verweigerung. So redete er sich dem Bürgermeister gegenüber, der zu ihm gesagt hatte:
Nun, Müller, du wirst dir doch auch einen Radio
anschaffen, auf seine Gleichstromanlage heraus,
die das Betreiben des Volksempfängers, der auf
Wechselstrom angewiesen sei, leider nicht erlau-
be. In der Familie aber sagte er: Wenn einer keinen
Radio hat, dann kann auch niemand kommen und
zu ihm sagen, er hat einen Feind- oder Schwarz-
sender gehört.
Es war ein kalter Tag Anfang Dezember, als die
Mutter mit dem 12-Uhr-Autobus aus Wels mit
einem Radio heimkehrte. Sie hatte schon am
Morgen zu meinem Bruder Josef und mir gesagt,

daß wir sie zu Mittag vom Omnibus (sie sagte *Onibus*) abholen sollen. So standen wir zur festgesetzten Zeit an der Haltestelle und sahen, wie die Leute aus dem überfüllten Autobus stiegen. Mittendrin eine kleine Frau mit einer großen Schachtel, unsere Mutter mitsamt dem Radio! Sie gab es uns zum Tragen. Das Paket war schwer und ließ so schon vom Gewicht her einiges erwarten. Zuhause wurde es vor den Augen der versammelten Familie aufgeschnürt und das Radio auf den großen Tisch gestellt. Unser neues Radio war ein Apparat mit einer ausgeprägten Vorder- und Rückseite. Die Front war eine richtige Fassade, ein mit zwei kleinen hölzernen Halbsäulen an den Ecken regelrecht architekturmäßig gestalteter Prospekt, auch orgelähnlich, während die Rückseite unansehnlich war, flach und mit einem Brett mit einigen Löchern recht lieblos vernagelt. Vorne hui, hinten pfui, sagte Bruder Felix. Das Gehäuse machte insgesamt einen sehr massiven Eindruck, es war Vollbau. Damals wurden von der Radioindustrie auch noch Tischler und Maler beschäftigt. Gestrichen war der Kasten wie ein feines Schlafzimmermöbel.

Seitlich war ein Schalter angebracht, mit dem man Lang-, Mittel- und Kurzwelle einstellen konnte. Die Mutter sagte aber, daß für uns nur die Mittelwelle in Frage komme. Außerdem habe der Verkäufer gesagt, daß man die meisten Namen, die vorne darauf geschrieben stehen, vergessen könne, für uns, habe er gesagt, komme nur Linz und München in Betracht. München sei für die Wettervorhersage sehr günstig. Die Namen der Stationen waren aber auch zu verrückt, ich hielt die meisten für reine Phantasienamen: Sottens, Hilversum, Bordeaux, Ceneri, wo hat denn einer schon so etwas gehört! Da schau her, sagte der Vater, da sind auch Feindsender dabei. Mir leuchtete als Kind auch sofort ein, daß für uns, eine Bauernfamilie auf dem Land, höchstens die Mittelwelle in Frage kam. Die Langwelle war sicher für die reicheren Leute in der Stadt. Die Kurzwelle wieder brachte ich mit einigen ärmeren Arbeiter- und Kleinhäuslerfamilien in Zusammenhang. Die Ultrakurzwelle war seinerzeit noch nicht erfunden.

Die Mutter sagte, daß der Verkäufer den Radio schon eingestellt und gesagt habe, daß wir ihn immer so lassen können, wie er ihn eingestellt hat. Die Mutter hatte dem Verkäufer gesagt, daß der Vater vor allem die politischen Nachrichten und sie und die Kinder eigentlich nur das Wunschkonzert, das immer recht schön sein soll, hören möchten. Die Mutter hatte den Verkäufer gefragt, wie man den Radio einschalten muß, damit man die politischen Nachrichten und das Wunschkonzert hören kann. Da hat ihr der Verkäufer das Radio gleich eingestellt.

Mein Bruder Felix, der die Hauptschule besucht hatte und physikalisch und technisch der Verständigste unter uns war, hatte zur Mutter gesagt, sie müsse einen Radio mit 6 Röhren verlangen. Mit 6 Röhren, sagte er, bekommt man schon eine ganz gute Musik. Als ich später einem Freund erzählte, daß wir einen Radio mit 6 Röhren bekommen haben, sagte dieser, das sei gar nichts, über 6 Röhren könne er nur lachen, sie hätten daheim nämlich ein Radio mit 12 Röhren. Außerdem

7

müsse man *das* Radio sagen und nicht *der* Radio. Er fragte mich, ob ich vielleicht meine, daß das Wort Radio vom Radi komme, den man auf Hochdeutsch als Rettich aussprechen müsse. Dann zeigte er mir mit den Händen, wie groß ihr Radio mit den zwölf Röhren sei. So groß, sagte ich, ist euer Radio? Mich ziemt, du verwechselst den Radio mit dem Kachelofen, sagte ich.

Die Frage der Anzahl der Röhren spielte in den Gesprächen der Kinder über die Radios eine große Rolle, ähnlich wie die Frage der Anzahl der Steine bei den Uhren. Wenn einer seine Firmuhr bekam, war die erste Frage: Wie viele Steine hat deine Uhr? Außerdem mußte es eine Armbanduhr und durfte es keine altmodische Taschenuhr sein. Wenn einer sagte, seine Uhr habe 15 Steine, dann verstummte das Gespräch. 15 war viel, mehr konnte man nicht erwarten. 15 bedeutete einen reichen Göden. Eine Uhr, die etwas wert war, mußte am Zifferblatt *Made in Switzerland* und *15 Jewels* stehen haben. Alles andere nannten die Kinder einen *Prater*. Ein anderer wichtiger Punkt war die Garantie. Wieviel Garantie, fragte ich den Nachbarsbuben, hast du auf dieser Uhr? Ein Jahr, sagte er. Da kann ich nur lachen, sagte ich triumphierend, meine Gödenuhr hat 12 Monate Garantie!

Lange Zeit konnten wir kein Radio brauchen, weil wir es nicht anschließen konnten. Vater betrieb neben seiner Mühle einen kleinen Generator, der das Haus mit Gleichstrom versorgte. Der Strom aber, den der Vater von der Mühle ins Haus her-überlieferte, war für die Mutter und uns eine stän-dige Quelle des Ärgers. Daß er sich mit diesem

Strom nicht schämt, sagte die Mutter. Jetzt schaut euch einmal diesen Strom an, sagte die Mutter zu uns, wenn das Licht der Stubenlampe besonders schwach war und die Stube nur sehr notdürftig beleuchtete. Sicher ist der Müller drüben auf seinen Säcken eingeschlafen und hat vergessen, das Laub vom Rechen der Turbine herauszuheuen. Und wir müssen hier im Dunkeln sitzen, sagte sie, und sehen die eigene Hand nicht vor dem Gesicht. Wenn wir doch auch endlich bei der Stromgenossenschaft angeschlossen würden! Auch unsere Magd beschwerte sich oft über Vaters Strom. Im Winter, sagte sie, muß sie die Kühe bei dieser Finsternis beim Euter angreifen, damit sie spürt, ob sie diese Kuh schon gemolken hat oder nicht. Leider, sagte sie, ist sie keine Katze, die auch in der Finsternis sehen kann. Vor allem im Winter, wenn der Innbach wenig Wasser führte und Vater seine ganze Wasserkraft für den Mahlgang brauchte, bekamen wir im Haus herüben nur sehr wenig Strom ab. Du hast es gut, spottete einmal ein Nachbar dem Vater gegenüber, du brauchst bei deiner Funsel wenigstens nicht verdunkeln. Das war gegen Ende des Krieges, wo statt der Führerreden aus den Volksempfängern immer die Meldungen über Luftangriffe und den Anflug der Geschwader kamen und Verdunklung angeordnet wurde. Der Winter war für uns während des Krieges und nach dem Krieg bis zu unserem Anschluß an die Stromgenossenschaft immer eine sehr dunkle und düstere Zeit. Dieses Licht, sagte die Mutter, ist nur gut zum Ausdrehen und zum Bettgehen. Bei einer Handarbeit verdirbst du dir nur die Augen. Und sie hätte so viel zu stopfen!

9

Am Heiligen Abend aber war das Haus hell erleuchtet. Der Vater stellte nämlich am sogenannten Fastweihnachtstag, das ist der Heilige Abend, immer schon am frühen Nachmittag die Mühle ab und kam ins Haus herüber. Seine gesamte Wasserkraft aber warf er an diesem Tag auf den alten Gleichstromgenerator. Jetzt hatten wir es wunderbar hell in der Stube, so hell, daß einem der Raum fast fremd wurde. So ein Licht! sagte die Magd, das ist ein Licht! sagte sie, so ein Licht sollte sie alle Tage haben! Da wäre die Stallarbeit freilich eine Spielerei. Der Vater blickte stolz auf die Glühbirnen. Heute wird ihnen eingeheizt, sagte er. Es kam aber natürlich gerade zu Weihnachten oft vor, daß eine Glühbirne ging. Die Birnen waren so sehr an die Unterversorgung gewöhnt, daß sie dem plötzlichen weihnachtlichen Stromstoß nicht standhielten, Weihnachten war für unsere Birnen wie ein Schock. Die Mutter hatte stets Kerzen in Griffweite. Ohne Kerzen, sagte sie, stünden wir schön da.

Nachdem nun das neue Radio von uns allen gehörig bestaunt und eine Zeitlang ausprobiert worden war, sagte die Mutter, daß wir den Radio jetzt abdrehen und erst am Heiligen Tag zu Mittag, wenn sie aus Rom den Segen des Heiligen Vaters übertragen, wieder einschalten wollen. Das ist ein guter Anfang und gewissermaßen eine Einweihung für unseren Radio, sagte sie. In der Adventszeit, in der Fastenzeit und an Freitagen, sagte sie, gehört sich das Radiohören nämlich nicht. Die Mutter rechnete das Radiohören von Anfang an zu jenen Lustbarkeiten, die einem Kirchengebot zufolge – wie das Hochzeithalten – zu den sogenannten geschlossenen Zeiten nicht angebracht waren. Das Radiohören fiel ihrer Meinung nach eindeutig unter Lust und Vergnügen. Vergnügungen, auch unschuldige, gehörten aber nicht zum Ernst dieser Zeiten. So schickte sich etwa am Freitag auch das Ausgehen nicht. Am Freitag gehen die Rotzigen aus, sagte die Mutter. Jährlich aber am 25. November, dem Namenstag der heiligen Katharina von Alexandrien, der Patronin der Müller und zugleich der heiratswilligen Jungfrauen, drehte die Mutter den Knopf des Radios nach links und sagte: Kathrein stellt den Tanz ein.

Die Seuche

Im Winter des Jahres 1952 brach in Oberösterreich die Maul- und Klauenseuche aus, kurz vor
Neujahr befiel sie auch unsere Kühe. Die Maul-
und Klauenseuche hat ihre Zeit im Winter. Gegen
Wärme ist der Erreger empfindlich, Hitze gar
bringt ihn um, sagte der Tierarzt. Menschen
können von der Maul- und Klauenseuche nicht
befallen werden. Der Mensch hat kein Maul und
keine Klauen, sondern einen Mund, Finger und
Zehen mit Nägeln. Der Mensch ist kein Paarhufer.
So ist das also, dachte ich, daß einen schon die
Sprache vor Krankheiten schützen kann. Und
dann war doch von einem Burschen die Rede, der
die Seuche angeblich bekommen, dabei alle Zähne
verloren und viel leiden hat müssen.
Unter der Bevölkerung herrschte in jenem Winter
eine große Ansteckungsangst. Die Leute hatten
eine starke Scheu vor Bazillen, jeder hielt den
anderen für infiziert und für einen Überträger von
Bazillen. Damals litten auch viele alte Bekannt-
schaften und nachbarliche Freundschaften. Mit
Bazillen, sagte der Tierarzt, hat diese Seuche übrigens gar nichts zu tun, hier handelt es sich um
Viren. Die Leute blieben aber bei den Bazillen.
Mach' einmal der Landbevölkerung den Unterschied zwischen Bazillen und Viren klar, seufzte
der Tierarzt resignierend. Es gäbe zwischen Bazillen und Viren aber einen Unterschied wie zwischen Pferden und Kühen. Das Beispiel mit Pferd
und Kuh war schlagend. Also Viren, sagen Sie,
Herr Doktor. Die Tierärzte waren in dieser kriti-

schen Zeit bei der Bevölkerung nicht beliebt, die Viehbesitzer hielten die Tierärzte selbst für die großen Seuchenausbreiter. Die Bauern gewöhnten sich ab, die Tierärzte mit Handschlag zu begrüßen.

Noch Jahre später, als sich der Tierarzt ein Haus baute, sagten die Bauern: Das verdankt er der Seuche. Dieses schöne Haus verdankt der Herr Doktor einzig und allein seinen Viren. Viribus unitis, sagte der Tierarzt, ein Mann mit gutem Humor und großer Gelassenheit, als ihm dieses Gerücht zu Ohren kam. Was hat er gesagt?, fragten die Leute. Die Bauern stöhnen und seufzen, sagte der Obmann des Bauernbundes, und der Herr Doktor fährt wöchentlich zum Commers seiner Verbindung nach Wels, Gaudeamus igitur singen. Des einen Leid, des andern Freud, sagten die Menschen.

Die Weihnachten jenes Jahres habe ich als sehr traurig in Erinnerung, es wollte nirgends Weihnachtsstimmung aufkommen, sozusagen nicht ums Verrecken. Es gab bereits einige verseuchte Häuser in unserer Gemeinde, und es wurden ständig mehr. Dabei ging die Seuche nicht konsequent und Haus um Haus vor, sondern sprunghaft. Das Glück ist eine blinde Kuh, sagte der Tierarzt. Dem Herrn Doktor, sagten die Leute, ist jeder recht. Am Schluß hatte die Seuche praktisch kein Haus vergessen und ausgelassen. Zum Rosenkranz am Heiligen Abend beteten wir damals ein zusätzliches Gesätzchen mit der Meinung: Gib, heiliger Leonhard, daß uns Gott das Vieh im Stall bewahrt.

Meine Familie war in Sorge wegen des Geschäftes.

Vater hatte im Jahre 1950 seine Schwarzbäckerei, die er vor dem Krieg betrieben hatte und die als Gewerbeberechtigung, entsprechend der alten Erlaubnis und Lizenz des sogenannten Maria-Theresia-Patents, auf der Mühle war, wiederaufgenommen und fürchtete darum, daß sich während einer dreiwöchigen Quarantäne, wie sie über die verseuchten Häuser verhängt wurde, die kaum gewonnenen Kundschaften wieder verlieren und verlaufen könnten. Diese Befürchtung betraf vor allem auch die Bauern, die zunehmend in jener Zeit ihre eigene Bäckerei einstellten und sich im Umtausch mit Getreide oder, wie andere Kundschaften auch, mit Brot vom Bäcker versorgten. Auch bei den Müllern war die Konkurrenz groß, ja, es war die Zeit des großen Mühlensterbens. Im österreichischen Müllereiwesen, sagte der Vater, grassiert die Seuche schon lange. So dachte der Vater diesmal daran, sein Vieh abzuschaffen und durch Viehlosigkeit möglichen Geschäftsschwierigkeiten vorzubeugen, kam aber nicht mehr dazu. Es war ein Freitag nach Weihnachten, kurz vor dem Neujahr – Vater hatte eine Menge Brot gebacken, normales Bauernbrot und viel sogenanntes Störbrot, wie es um Weihnachten und Neujahr in Oberösterreich der Brauch ist –, als die Kühe in unserem Stall plötzlich appetitlos dastanden und nicht mehr fressen wollten. Im Maul aber hatten sie bald eiternde Blasen, das untrügliche Zeichen der Krankheit. Da hatte also alle Vorsicht und alles Streuen von Chlorkalk bei den Türen und Toren nichts geholfen, vom heiligen Leonhard ganz zu schweigen. Vater war nun der Ansicht, daß sich an der Seuche nichts mehr ändere, ob wir sie heute oder morgen anmeldeten und bekanntgäben. So wollen wir damit noch ein wenig zuwarten, meinte er, und wenigstens noch das vorrätige Brot verkaufen. Wir können es ja nicht dem Vieh füttern, sagte er, noch dazu jetzt, wo das Vieh gar nicht mehr fressen kann. Es wanderte im übrigen nicht selten Brot, in Trank aufgeweicht, in den Barn der Kühe, wenn sich Vater um einen Schuß, das heißt einen Ofen, verrechnet hatte.

Nachdem die Mehrzahl der Viehhaltungen von der Seuche befallen war, normalisierte sich das Zusammenleben allmählich wieder. Anfangs, als uns die Epidemie erreichte, galten die wenigen von der Seuche Heimgesuchten als aussätzige Außenseiter, nachdem das Seuchenschicksal aber den überwiegenden Teil der Bauernhöfe ereilt hatte und so demokratisiert worden war, galten im Gegenteil die Besitzer der wenigen noch nicht verseuchten Höfe als die suspekten Sonderlinge, die auch keine weitere Rücksicht mehr verdienten. Hatten sie die Seuche vielleicht überhaupt verheimlicht? Die Statistik hatte sie zu Ausnahmen gestempelt und so ins Unrecht gesetzt.

Am Schluß, nach dem Entsetzen und der großen Wut und dem Fluchen über die Seuche, kam bei den Verseuchten sogar Galgenhumor auf. Es fanden sich auf den winterlich zugefrorenen Teichen in Verletzung der Quarantänebestimmungen viele Eisschützen aus verseuchten Häusern zusammen, die Teiche waren bald fast völlig in der Hand der Verseuchten, auf einem einzigen Teich trafen sich die Seuchefreien, die freilich nur als *Nochnicht*verseuchte angesehen wurden. Die

Teiche der Verseuchten nannten die Schützen scherzhaft *Seuchenherde*. Kam ein neuer Schütze hinzu, so fragte er: Darf ich mich, bittschön, bei euch *anstecken?* Die Schanzen wurden nicht mehr mit *Sechse Neune Aus* verrechnet, sondern als *Sechse Neune Seuch* gezählt. Die Stuben aber, in denen verseuchte Bauern zum Kartenspielen zusammentrafen, hießen *Pesthöhlen.* Die Redensarten von Kühen und Kälbern, die in der Mundart an sich eine große Rolle spielen, wurden nun, zum Teil umgemünzt und in Anspielung auf die aktuelle Situation, besonders häufig und bewußt gebraucht. Wagte einer etwa beim Schnapsen oder Kratzen gefährlich viel, so sagte er auftrumpfend: Ist die Kuh hin, soll das Kälbl auch hin sein! Tat einer besonders groß mit seinem Blatt, so neckte ihn der Gegenspieler mit: Die Kühe, die am meisten brüllen, geben die wenigste Milch! Ein schlechtes Blatt wurde als ein *verseuchtes* Blatt verflucht. Aber auch außergewöhnlich gute und wertvolle Karten und Gänge wurden damals wegen ihrer durchschlagenden Wirkung als *Pest, Epidemie* oder *Seuche* bezeichnet; so kam der sogenannte Durchmarsch beim sogenannten Preferanzen, eine besonders radikale Spielart, zur Bezeichnung *Seuche.* Hier mußte man alle Stiche machen, durfte somit keinen schonen. Spielte einer sofort nach dem Kartenverteilen aus, so nannte man diese prompte Spielweise die *kuhwarme.* Ein unzusammenhängendes Blatt mit sporadischen Vertretern der Farben und Werte nannten die Bauern *Saumist.* Hiezu ist zu wissen, daß der Schweinemist im Gegensatz zum strohigen Kuhmist sehr kurzfasrig und als kompostierter Dung auch leicht zu stechen und fassen ist. Einer sah fragend den Talon an und sagte: *Kuh-* oder *Saumist,* das sollte ich halt jetzt wissen. Beim Rommé oder Rummy, dessen mundartliche Bezeichnung verdächtig ans Wort *Remmeln* anklang, was seinerseits vom Wort *Rammeln* kommt und von den Hasen gesagt wird, hieß der Jolly Joker *der Tierarzt.* Den Talon aufheben nannten einige *künstlich befruchten.* Und so fort.

Zu Beginn aber, als unsere Kühe erkrankten, waren die Quarantänebestimmungen noch sehr streng und von Lässigkeit und Großzügigkeit weder bei der Veterinärbehörde noch bei den Betroffenen selbst die Rede. Das alles war sehr ernst und kein Spaß.

Nachdem also, Vaters Plan befolgend, das meiste Brot abverkauft war, wollten meine Schwester Rosa und ich am Morgen des darauffolgenden Tages, bevor der Tierarzt das Haus sperren kam, mit dem Autobus nach Wels fahren und vorerst nicht mehr zurückkehren, bis alles vorbei wäre. Rosa wollte mit ihren neuen, zu Weihnachten bekommenen Skiern auf einen Schulskikurs fahren, ich aber sollte vorübergehend zu einer befreundeten Welser Familie ziehen, für die Zeit der Quarantäne dem Elternhaus fernbleiben und von meinem Welser Quartier aus die Schule besuchen. Da aber nun bekanntlich ein Unglück selten allein kommt, schneite es die ganze Nacht vor unserer geplanten Flucht nach Ägypten, sodaß an diesem Morgen kein Autobus verkehren konnte. Wir machten uns zwar fertig und gingen im Morgengrauen durch den tiefen Schnee zur Haltestelle, mußten aber dort wie die anderen Menschen,

meist Pendler, Arbeiter und Nebenerwerbsland-
wirte, die in ihre Fabriken in die Stadt wollten,
einsehen, daß heute an ein Fortkommen leider
nicht zu denken war. Die Leute gingen nach einer
angemessenen Frist und nachdem sich an keinem
Horizont ein Autobus gezeigt hatte, heim und
verbrachten diesen Tag in den Stuben oder mit
Freischaufeln ihrer Häuser. Sehr traurig, wie zwei
rechte unschuldige Kinder, stapften auch Rosa
und ich mit unseren Taschen, Rucksäcken und
Skiern den Weg zurück. Es war uns zum Heulen.
Als die Mutter dem Herrn Tierarzt später von
diesem zusätzlichen Mißgeschick erzählte und
meinte, daß nun zu befürchten sei, daß ich in der
Schule durch Versäumen des Unterrichtes womöglich gar nicht aufsteigen könne, sagte der Herr
Doktor: Höhere Gewalt, Frau Brandstetter,
höhere Gewalt, die Viren und der Schnee erlauben
es leider nicht. Und zu mir, dem Lateinschüler,
gewandt, sagte er: *Vis maior, vis maior.* Und er
machte sich einen Spaß daraus, mich zu prüfen,
indem er, wie auch sonst manchmal, im Ton seinen eigenen Lateinlehrer nachahmend, zu mir
sagte: *Transfer mi fili,* übersetz er mir das einmal
in ein ansprechendes und gefälliges Deutsch, er
Bengel. *Höhere Gewalt,* Herr Doktor, übersetzte
ich beflissen. Er sagte: *Bene, bene!* Und was heißt
lingua Latina *der Schnee?* Ich antwortete: *Nix.* Da
schämte sich die Mutter aber für mich, weil sie
dachte, daß ich *nichts* gesagt hätte und nicht zu
antworten wüßte. Geh, denk doch ein wenig
nach, Alois, es fällt dir sicher ein. Zu ihrem offen-
sichtlichen Erstaunen lobte mich aber der Herr
Doktor für diese Antwort und sagte: *Recte, recte.*

18

Und was heißt: *Nix capitis?* Dabei deutete er mit dem Zeigefinger seiner Hand auf seinen Kopf. Ich erwiderte: Wörtlich übersetzt heißt *nix capitis der Schnee des Hauptes,* im übertragenen Sinne: *weiße Haare.* Ausgezeichnet, sagte der Tierarzt und lachte, *eminenter, eminenter* ... Und zur Mutter gewandt: Ich glaube, Sie brauchen wegen der Schule keine Angst zu haben, der Herr Filius kann ja schon alles. Die Mutter aber meinte: In Latein, Herr Doktor, in Latein schon, weil ihn die Sprache sehr interessiert, aber in Zählen und Rechnen ist er ganz schwach. Der Rechenlehrer ist am Sprechtag mit ihm immer gar nicht zufrieden. Aber, Frau Brandstetter, sagte der Tierarzt, wer gut Latein kann, ist auch gut in der Logik, und wer gut in der Logik ist, der wird auch die Mathematik, *divinam matheseos disciplinam,* sagte er, wieder im Ton seines Lehrers, erlernen. Ich war sehr stolz auf dieses Lob eines Kompetenten, wenn ich auch selbst um mein Weiterkommen in Mathematik recht besorgt war.

Ich war aus einem geistlichen Konvikt in Linz in das öffentliche Realgymnasium der Stadt Wels übergewechselt, wo ich zwar mit guten Lateinkenntnissen glänzte, in Mathematik aber einen Nachhilfeunterricht brauchte. Wirklich brauchte ich auch nach der Quarantäne wieder Nachhilfestunden. Das verursachte Kosten, die ich meinen Eltern gern erspart hätte. Eine Nachhilfestunde kostete damals 15 Schilling. Ich habe meinem Nachhilfeprofessor aber auch Brot und Speck in die Stunde mitgebracht. Mit Speck fing man nach dem Krieg auch noch Akademiker. Nach den Naturalien kamen später die bäuerlichen Antiquitäten zu Ansehen. Und nachdem der Herr Professor dem Herrn Direktor des Gymnasiums gegenüber das Brot meines Vaters gelobt hatte, mußte ich auch diesem einige Male davon bringen. Ich bekam wegen dieses Brottransportes im Autobus sogar Schwierigkeiten. Meine Mutter steckte mir für den Herrn Professor oder Direktor oft einen eben aus dem Ofen gezogenen, brennheißen Laib in die Tasche. Wenn ich dieses Gepäck dann in den Autobus brachte und ins Netz legte, erfüllte der heiße Laib den Innenraum bald mit einem so durchdringenden Brotgeruch, daß man in einer Backstube, ja, im Ofen selbst zu sein meinte. Bist schon wieder da mit deinem frischen Brot, schimpfte mich der Fahrer. Ich glaubte etwas sehr Eindrucksvolles und damit auch stark Entlastendes und Entschuldigendes vorzubringen, als ich bemerkte: Das Brot ist für den Herrn Direktor des Gymnasiums, Herr Chauffeur! Steig schon ein, sagte der Fahrer. Es erfüllte mich an sich immer mit Stolz, wenn ich erfuhr, daß irgendwo eine hochgestellte Persönlichkeit unser Brot schätzte und verzehrte. Der mundartliche Spitzname für einen Professor war am Land die verballhornte Form seines Namens: *Brotfresser*. Auch der Chauffeur sagte einmal: Einen Laib Brot, sehr heiß, für den Herrn *Brotfresser* …

Der Tierarzt merkte damals natürlich sofort, daß wir uns mit seiner Konsultation wegen verdächtiger Symptome an den Kühen ziemlich Zeit gelassen hatten. Was habt ihr euch denn dabei gedacht, daß die Kühe offenbar schon tagelang nicht fressen? Habt ihr vielleicht gemeint, sie machen eine Hunger- oder Schlankheitskur? Ihr habt wohl gemeint, die Kühe beginnen nach dem Advent die Fastenzeit? Wir hatten aber eine Magd, die sich nicht viel verstellen mußte, um überzeugend und glaubwürdig zu wirken. Ein paar Tage länger, sagte der Tierarzt, und ich könnte gleich wieder aufsperren. Es dauerte aber dann doch noch lange genug.

Wie ich später erfuhr, hat die Entschuldigung, die ich, von meinem Vater unterschrieben, aus der Quarantäne in die Schule schickte und die der Klassenvorstand verlas, unter meinen Mitschülern Verblüffung hervorgerufen. Ich war ja in unserer Klasse der einzige Schüler vom Land, ein solcher Entschuldigungsgrund ließ mich aber als richtigen Exoten erscheinen: Ich bitte, mein Fernbleiben vom Unterricht zu entschuldigen, da unsere Kühe an Maul- und Klauenseuche erkrankt sind. Meine Mitschüler waren in der Hauptsache Kinder begüterter Geschäftsleute, Beamter und Ärzte aus der Stadt. Die Bauernkinder, die seinerzeit das Gymnasium besuchten, konnte man an den Fingern einer Hand abzählen. Wels galt zwar wegen seines großen und für ganz Österreich bedeutenden Viehmarktes und wegen seiner Landwirtschaftsmesse als eine *Bauernstadt,* meine urbanen Mitschüler hatten aber an diesem rustikalen und ruralen Ruf ihrer Vaterstadt keine Freude. Als ich einmal in einem Schulaufsatz schrieb: Wels ist eine *Bauernstadt,* sagte ein Mitschüler, das stimme nicht, Wels sei nämlich eine *Handels-* und *Kaufmannsstadt.* Der Deutschlehrer, selbst ein Bauernsohn, fällte ein salomonisches Urteil und gab insofern beiden recht, als das Hauptprodukt, welches in Wels ver- und gekauft und gehandelt würde, Landmaschinen seien. Auch mir selbst aber war damals meine Herkunft keine reine Quelle der Freude. Ich lernte nicht nur Latein und Mathematik, sondern auch, meine bäuerliche Herkunft als einen gewissen Makel zu empfinden. Mit ungläubigem Staunen erlebte ich nach der Matura, daß es an der Universität Menschen gab – wenn sie auch ein wenig sonderbar und seltsam waren –, die sich mit einem schon wieder verdächtigen Interesse alles Bäuerlichen annahmen, sie verhalfen mir zu einer ihrerseits nicht ganz unproblematischen Identifikation. So versilberte ich mein Bauerntum in einer germanistischen Dissertation über meine Heimatmundart und mit einem Wörterbuch alter bäuerlicher Ausdrücke. Mein Doktorvater sagte, diese Ausdrücke seien nicht nur *alt*, sondern auch *altehrwürdig*. Heute schlage ich zusätzlich, meine Erinnerung ausbeutend, poetisches Kapital aus meiner Vergangenheit, wie hier mit dieser Geschichte. So bin ich einer der wenigen, für den sich die sozialen Leiden gelohnt und ausgezahlt haben.

An einen solchen Fall sozialen Leids aus Minderwertigkeitsgefühlen erinnere ich mich sehr lebhaft: Ich mußte mit unseren Pferden und unserem grobschlächtigen Leiterwagen die Walzen der Walzenstühle der Mühle zum alljährlich fälligen Riffeln und Schärfen in eine Welser Schlosserei fahren. Am Stadtrand angelangt, hatte ich nicht nur Angst, die Pferde könnten plötzlich scheuen, den Wagen umwerfen und den städtischen Verkehr durcheinanderbringen, sondern auch, ein Schulkamerad könnte mich auf meinem primitiven bäurischen, holzgeächsten und knarrenden

Wagen wie einen Knecht daherfahren sehen und auslachen. Auch das Geschirr, das Zaum- und Riemenzeug, war alles andere als herrschaftlich. So saß ich sehr eingezogen auf meinem Fuhrwerk, mehr einschauend als ausschauend, in der trügerischen Meinung von Kindern, daß sie nicht gesehen werden können, wenn sie selbst niemanden sehen. Ich war auch schon fast am Ziel, als mir dann tatsächlich ein Mitschüler über den Weg lief, wenn er auch nicht ganz die befürchtete Reaktion zeigte. Er staunte mich an, er lachte mich aber mehr an als aus. Ich jedoch bekannte mich nur zum Transportgut, den silbrig glänzenden, schön anzuschauenden schweren Walzen, nicht aber zum Wagen und zu den Pferden, ich sagte, die Pferde und der Wagen seien von einem Nachbarn geliehen. Du machst dir ja keine Vorstellung, sagte ich, was die Bauern für miserables Gerät und Zeug beinander haben. Schau dir doch nur einmal diese zwei müden Füchse an, sagte ich. Drei Stunden habe ich für die lächerlichen 9 Kilometer von Pichl hierher gebraucht, ich bin froh, wenn ich den ganzen Krempel wieder abliefern kann. Na dann, verabschiedete sich der Mitschüler, er habe es eilig und müsse zum Tennis, sein Instruktor warte schon auf ihn.
Die Quarantäne war eine an sich sehr schöne und ruhige Zeit, sie war nicht nur die stillste Zeit im Jahr, sondern in meinem Leben. Meine Tage waren angefüllt mit Malen und Lesen. Nur anfangs hatte ich abends ein wenig im Stall zu helfen. Ich stopfte den kauunfähigen Kühen büschelweise Heu und vor allem kurzhalmiges Grummet in den Rachen. Man mußte dabei ordentlich in die Mäu-

ler hineinlangen und das Futter hinter den von Fieberbläschen übersäten Gaumen bringen, dann verdrückten es die Kühe. Das war eine mühsame Arbeit, sie verhinderte aber, daß die Tiere gänzlich vom Fleisch fielen und womöglich überhaupt zu einer Beute des Schinders und Wasenmeisters wurden. Nicht wenige Tiere gingen bei den Bauern auch ein und wurden von einem fliegenden Kommando der Tierkörperverwertung in Regau, *von Regau,* wie es kurz und mit einer Redefigur hieß, die wir im Lateinunterricht als *Metonymie* lernten, abtransportiert. Viele Kühe wurden durch die Seuche auch *galt,* unfruchtbar, und waren so nur noch für den Fleischhauer gut.

Einige Zeit nach der Maul- und Klauenseuche kam Vater einmal recht nachdenklich von der Mühle zum Mittagessen ins Haus herüber. Jetzt suchen die Leute schon wieder nach einem Sündenbock, sagte er. Er erzählte von einem Bauern, der ihm gegenüber behauptet habe, daß sich inzwischen einwandfrei herausgestellt hätte, daß an der Maul- und Klauenseuche die Juden schuld gewesen seien, die den gesunden österreichischen Bauernstand vernichten möchten. Die Juden seien unser Unglück, habe der Bauer gesagt. Der Vater sagte aber, daß er ihm erwidert habe, daß nicht die Juden, sondern der Antisemitismus unser Unglück sei, er sei nämlich weit schlimmer und gefährlicher als die Maul- und Klauenseuche, er sei die eigentliche Seuche.

Rorate

Oft ließ sich der Winter sehr früh und sehr grimmig an und brach doch schon um die Weihnachtszeit noch einmal zusammen. Ein unzeitgemäßer und verfrühter Frühling fiel ihm in den Rücken, ein Föhn vertrieb den Schnee, Regen schließlich ließ die Gräben und Bäche überlaufen.
Der unregulierte Innbach, der auf einigen Landkarten als *Wilder Inn* verzeichnet ist, um ihn vom großen und eigentlichen Inn, der dem Innviertel den Namen gegeben hat, zu unterscheiden, ist noch heute ein stark mäandrierender und darum auch hochwasseranfälliger Bach. An Tagen, an denen es, etwa zur Schneeschmelze, eine *Gieß*, das heißt Hochwasser, gab, stieg ich gern auf den Dachboden der Mühle und blickte ins überschwemmte Tal hinaus. Nichts reinigt die Landschaft so sehr wie Föhn, sie wirkte in allem scharf konturiert, die kleinen Bauernwälder auf den Hügeln und Kuppen und die Sträucher und Büsche an den Wiesen- und Feldrainen wie gemalt und gerahmt. Das Wasser im Talgrund, diese Spiegelfläche, aus der die Bäume und die Häuser ragten, verlieh allem eine ungewohnte Übersichtlichkeit. Die Entfernungen verkürzten sich, der Weg nach Pichl erschien jetzt von hier heroben wie ein Katzensprung, auch die sonst unsichtbaren Kirchtürme von Kematen, Steinerkirchen und Meggenhofen konnte man ausnehmen. Der Hausruck wurde sichtbar. Mein Standort, die Mühle selbst, stand rundum von Wasser umgeben. Blickte ich lange steil in das fließende Wasser

hinunter, so kam es mir vor, als würde ich samt der
Mühle stromaufwärts schwimmen. Um diese
zuletzt unangenehme Sinnestäuschung los zu
werden, drehte ich mich dann vom Fenster weg
und blickte in den Dachboden hinein. Hier war es
an Hochwassertagen still, die Mühle war auf
Wasser angewiesen, zu viel aber setzte sie außer
Betrieb.

Der Weg *nach dem Bach,* ein Steig und Abkür-
zungsweg den Innbach entlang, war bei Hochwasser unpassierbar. Nun mußte man auf der Haupt-
straße gehen. Normalerweise aber benützten wir
ausschließlich den Steig. Er führte meist dicht am
Ufer entlang, ohne freilich jede Schleife und
Windung des Baches mitzumachen, man ging
zeitweise quer durch eine Wiese und frei, dann
wieder wie durch einen Tunnel von Sträuchern
und Bäumen. Einige Gräben waren mit Brettern
überbrückt, und immer wieder gab es über den
Zustand dieser *Stiegel* und *Brückel* Anlaß zu Klagen. Oft mußte man über einen Graben springen,
wenn die Gieß ein Brückel fortgeschwemmt hatte,
es konnte lange dauern, bis sich endlich einer der
Sache annahm. Den Anrainern und Besitzern,
über deren Grund dieser Weg führte, war das alte
Wegerecht gar nicht immer angenehm. Oft ließ
sich auch einer urplötzlich eine Umleitung oder
Schikane einfallen, versetzte von einem auf den
anderen Tag eine Brücke oder verschrankte an
irgendeiner Stelle, um den Verkehr in eine andere,
von ihm gewünschte Richtung zu lenken. Abkür-
zungen aber haben etwas von einer naturgesetzli-
chen Konsequenz und Hartnäckigkeit, sie abzu-
bringen ist ähnlich schwer wie das Verkämmen

eines natürlichen Scheitels oder Haarwirbels. Einige Bauern versuchten das Problem mit *Adel* (Jauche) zu lösen, es zeigte sich aber, daß auch dieser Weg nicht zum Ziel und zu einem dauernden Erfolg, das heißt zur Abschaffung des Steiges führte. Lieber gingen wir kurz durch Gestank als lange Umwege. Der Weg nach dem Bach hielt sich, die Vernunft schaffte sich Bahn.

Der Weg führte an einigen markanten Stellen vorbei. Man wußte, wenn man an dieser oder jener Eibe oder Esche oder an dieser oder jener Brücke die Turmuhr die halbe oder die dreiviertel Stunde schlagen hörte, daß man es eilig hatte oder daß man sich nicht zu beeilen brauchte, um zurecht zu kommen. *Läuteten* die Glocken bereits *zusammen* und man befand sich erst bei den Trumler-Bäumen, dann versäumte man die Epistel oder kam überhaupt erst zur Predigt zurecht, je nachdem, ob der alte oder der junge Pfarrer den Gottesdienst hielt. Einen Teil des Weges konnte man diesseits oder jenseits des Baches gehen, *herenter* oder *enter dem Bach*. Auch sonst gab es Alternativen und bevorzugte Stellen, etwa um einem Fahrradfahrer auszuweichen oder Schnellere zu überholen oder Entgegenkommende vorbeizulassen.

Eine besondere Erinnerung ist mir der Gang nach dem Bach zur Winterszeit, wenn etwa mein Bruder und ich unterwegs zum Rorate frühmorgens durch Neuschnee stapften und die erste Spur in den Schnee traten. Stellenweise war der vertiefte Weg auch verweht, und man tat gut daran, den Rand der Wächte zu wählen. Oft war es entsetzlich kalt, weil der Wind pfiff, daß einem der Eintritt in die ungeheizte Kirche gleichwohl wie die

Rettung ins Warme und Ruhige und als himmlische Wohltat erschien.

Ich machte die Erfahrung, daß alte Kirchenräume ihr eigenes Klima haben. Sie bewahren in ihren dicken Mauern lange in den Winter hinein die Temperatur des Herbstes, während sie im Frühling, wenn es draußen bereits mild und lind wird, erst so richtig eisig werden. Im Sommer sind sie angenehm kühl. Um Maria Lichtmeß war meistens der Höhepunkt, das heißt Tiefpunkt, erreicht und die Kirche zum Eiskeller geworden. So hatte die konservative Kirche ihre besonderen Jahreszeiten, die hinter den äußeren immer um eine halbe Saison nachhinkten.

Die Kälte beeinträchtigte aber die Feierlichkeit, beschleunigte die heilige Handlung, Temperatur und Tempo stammen nicht von ungefähr aus derselben etymologischen Wurzel. Da man mit klammen Fingern oder mit Fäustlingen schlecht hantieren kann, brachte der Pfarrer später über dem Spieltisch der Orgel und seitlich am Tabernakel einen elektrischen Strahler an. Der Organist umhüllte sich außerdem immer noch mit einer Decke, was seine Bewegungsfreiheit, namentlich im Pedalbereich, freilich einschränkte und auch gewisse musikalische Auswirkungen zeitigte. Virtuosentum konnte man bei diesen Temperaturen auch nicht erwarten. Er spielte im Winter eben nicht mit Händen und Füßen, sondern nur manual. Die Leute aber saßen da, fröstelten und sangen *Tauet Himmel den Gerechten, Wolken regnet ihn herab*. Das Leben war voller Härten und körperlicher Unannehmlichkeiten, vom Leiblichen her aber bekam man ein gutes Verständnis für den geistigen und geistlichen Sinn von *Advent* und *Weihnachten,* auch eine klare Vorstellung von Not und Erlösung. Wir saßen etwa da und sangen *Die Tür macht auf, das Tor macht weit.* Dann aber drehte sich jemand um und zischte: *die Tür zu!,* wenn ein Träumer hinter sich zu schließen vergessen hatte.

Auch die Sakristei war mit einem kleinen Ofen notdürftig beheizt, das war schon wegen der Holzkohlen für das Weihrauchfaß bei Hochämtern und an Festtagen notwendig. Die mit dem Weihrauch betrauten Ministranten hatten es in jedem Fall gut, sie brauchten nur von Zeit zu Zeit in die Unwirtlichkeit des Kirchenschiffes hinauszugehen, konnten aber nach kurzer Zeit und bevor ihnen kalt geworden wäre, wieder in die Sakristei zum Ofen zurückkehren. Auch durch die Bewegung beim Drehen der aus dem Rauchfaß genommenen Pfanne wurde einem warm. Vom Duft, den die Kohlen im Faß oder ein auf die heiße Ofenplatte gelegtes Weihrauchkörnchen verströmten, ganz zu schweigen. So kam zur Wohltat der Wärme jene des Wohlgeruches des Harzes des indischen Boswellia-Strauches, von Mastix, Galbanum und Räucherklaue ...

Was aber in aller Welt muß einem Menschen heute geboten werden, daß er sich mitten im kalten Winter wohl zu der halben Nacht aufmacht, um zu Fuß in eine ferne Ortschaft zu eilen, wo ihn ein ungeheizter Raum erwartet? Wofür lohnt es sich, meilenweit zu gehen? Für Zigaretten? Würde man eine Umfrage veranstalten, um herauszubekommen, was den Menschen ähnliche Wege und Opfer wert wäre wie dereinst unseren Vorfahren Religion und Kirche, so würde man wahrscheinlich, wenn auch mit anderen und moderneren Worten ausgedrückt, so ziemlich genau das zu hören bekommen, was der Apostel Paulus im 13. Kapitel seines Briefes an die Römer laut Lesung vom 1. Adventsonntag als *comessatio* (Gelage), *ebrietas* (Trunksucht), *cubile* (Unzucht), *impudicitia* (Ausschweifung) und *contentio* (Streit) bezeichnet. Und das ist es wohl, was heute noch mehr als im alten Rom allen Verkehr und alle Bewegung motiviert und die Menschen umtreibt. Die Römer scheinen gewußt zu haben, wovon Paulus spricht, und Paulus selbst hat es auch gewußt. Schließlich hatte er sich vor seiner Bekehrung auf dem Weg nach Damaskus gerade durch *contentio* ausgezeichnet, wo er doch etwa an der Steinigung des Erzmärtyrers Stephanus, dessen Fest am 26. Dezember gefeiert wird, mitgewirkt und auch sonst bei der Verfolgung der Christen eine wichtige Rolle gespielt hatte. Das Fest *Pauli Bekehrung* feiert die Kirche am 25. Jänner. Wir sagten: *Pauli Bekehrung, halbs hinum halbs herum,* was so viel bedeutete wie: Der Winter ist zur Hälfte überstanden, es geht dem Auswärts entgegen. Und der Völkerapostel, der vom Saulus zum Paulus wurde, ist nicht der einzige große Heilige, der Irrwege und Umwege ging, bis er den Ausweg fand, der seinem unruhigen Herzen den seligen Frieden schenkte.

Paulus selbst hat Sätze geschrieben, die es verlohnen, daß man läuft und sich anstrengt, sie zu hören und zu verstehen. Hieronymus, der seinerseits ein begnadeter Schriftsteller war, sagt über ihn: »Sooft ich den Apostel Paulus lese, meine ich nicht

Worte zu vernehmen, sondern Donnerschläge.«
Als Beweis für die Wortgewalt des Paulus kann
etwa die erwähnte Lesung vom 1. Adventsonntag
gelten, die alles das, was man unter Erwartung und
Advent, Besinnung und Umkehr versteht, theologisch und poetisch unvergleichlich und unver-
gänglich formuliert: *Brüder! Ihr wisset, die Stunde
ist da, vom Schlafe aufzustehen; denn jetzt ist das
Heil näher als damals, da wir zum Glauben
kamen. Die Nacht ist vorgerückt, der Tag bricht
an. Lasset uns also ablegen die Werke der Finsternis und anziehen die Waffen des Lichts. Wie am
Tage lasset uns ehrbar wandeln: nicht in Schwelge-
reien und Trinkgelagen, nicht in Unzucht und
Ausschweifung, nicht in Zank und Eifersucht.
Vielmehr ziehet an den Herrn Jesus Christus.*
Im Ohr habe ich aber auch noch die kosmische
Drohbotschaft des Evangelisten Lukas von eben
diesem 1. Adventsonntag: *Es werden Zeichen
erscheinen an Sonne, Mond und Sternen, und auf
Erden wird große Angst unter den Völkern sein
wegen des ungestümen Rauschens der Meere und
der Fluten ...*, in lebendiger Erinnerung auch den
an die Fastenzeit erinnernden violetten Ernst der
Kirche in der Adventszeit, unterbrochen nur vom
Rosarot des 3. Adventsonntages, des Sonntags
Gaudete, dessen Introitus schon die Freude der
weihnachtlichen Frohbotschaft ankündigt. *Du
hast Dein Land gesegnet und Jakob heimgeführt
aus der Gefangenschaft.*
Die biblischen Ankündigungen des Endes haben
wir immer sehr direkt und wörtlich genommen –
und gefürchtet. Wenn etwa ein Baum verrückt
spielte, sich sozusagen im Datum irrte und zur

Unzeit zu blühen begann, war die Bereitschaft allenthalben groß, diese botanische Unregelmäßigkeit im Sinne der Zeichen vor Weltuntergang und Jüngstem Gericht biblisch und eschatologisch zu verstehen. Auch Lourdes und Fatima hatten in unserem Denken eine große Bedeutung. Nicht selten wollte auch einer an Sonne und Mond seltsame Veränderungen bemerkt haben. Im März des Jahres 1945 schließlich sahen angeblich hunderte Menschen auf den Welser Straßen und Plätzen, wie sich die Sonnenscheibe zu drehen begann. Viele knieten nieder ...

Seit dem Jahr 1938, erzählte die Mutter, herrschte in unserem Haus die Angst und das Bewußtsein, daß wir in einer Endzeit leben und daß Katastrophen ungeheuren Ausmaßes bevorstehen. Vater war von einem ausgeprägten Pessimismus, vor allem die herrschende Kirchenfeindlichkeit war ihm ein untrügliches Zeichen für die Nähe der Letzten Dinge. Schon als Kind war mir durch Vaters Reden der Begriff des Antichristus und der Name des Elias, des einzigen lebend Entrückten, dessen Wiederkunft vor dem Ende erwartet wird, durchaus geläufig. Geläufig waren mir auch von Gebeten und Gesprächen her Wörter wie Krieg, Hungersnot, Dürre, Feuersbrunst, Pest, Gefangenschaft, Sturmflut, Erdbeben, Verfolgung und Teuerung. Die sogenannte *Gottgläubigkeit* war uns ebenfalls ein heidnischer Greuel, wie überhaupt die Religion meinen Vater hinderte, sich mit dem nationalsozialistischen Zeitgeist anzufreunden.

So ist mir etwa über meine Geburt am 5. Dezember 1938 folgendes berichtet worden: Meine

Mutter habe an diesem Tag noch ganz normal gearbeitet, sie habe für die Dienstboten und Taglöhner, die mit landwirtschaftlichen Winterarbeiten beschäftigt gewesen seien, ein Abendessen gekocht und aufgetragen, dann habe sie sich unbemerkt zu Bett begeben. Vater habe inzwischen mit dem Schlitten die Hebamme geholt, und es sei dann alles sehr schnell gegangen. Die Taglöhner und Dienstboten seien noch um den Tisch beisammengesessen und hätten sich mit Singen und Gesprächen den Vorabend des Nikolaustages vertrieben, als der Vater die Stube betreten und gesagt habe, daß das erwartete Kind angekommen sei. Das hätten die Leute kaum glauben können. Dann sei die Frage des Namens erörtert worden. Einer der Anwesenden habe gemeint, daß heuer die Namen Adolf und Hermann groß in Mode gekommen seien. Der Vater habe aber gesagt, daß er doch lieber bei den alten Namen bleiben wolle. Nachdem er seine bisherigen Kinder Felix, Theresia, Anna, Maria, Rosa und Josef getauft habe, sei er mit seiner Frau übereingekommen, den neuen Erdenbürger nach dem heiligen Jesuiten Aloisius von Gonzaga auf den Namen Alois zu taufen.

Auch sonst haben meine Eltern zu verstehen gegeben, daß sie von dem neuen Aufbruch, diesem ganzen falschen Advent, nicht viel hielten. Das war nicht der aktive Widerstand, aber ein gefährlicher Mangel an Begeisterung. Immer ermahnte Mutter den Vater, sich mit politischen Reden bei den Bauern zurückzuhalten und nicht sich und die Familie zu gefährden. Vater fuhr aber fort zu prophezeien, daß alles ein schlimmes Ende nehmen würde, was ohne Gott begonnen worden sei.

Obwohl die Menetekel zunahmen und die Cassandrarufe und Prophezeiungen sich allmählich zu erfüllen begannen, war der Glaube an den Endsieg unter der Bevölkerung fast bis zuletzt ungebrochen. Es herrschte mitten in der Apokalypse immer noch der Glaube an die Wunderwaffe, mit der der Führer zu guter Letzt ähnlich dem feurigen Elias alles zu Gunsten des Deutschen Reiches entscheiden würde.

Schließlich versorgten sich einige Unentwegte in der Nachbarschaft mit Munition und Pulver und schickten sich an, damit die Brücke über den Innbach neben unserem Haus zu laden, um sie zu gegebener Zeit zu sprengen und so die Alliierten auf dem Weg nach Wels aufzuhalten. Als ob die Amerikaner auf den Weg *nach dem Bach* angewiesen gewesen wären ... Dabei wären wir wohl mit in die Luft gegangen. Zuletzt siegte die Einsicht, und man versenkte kurz vor dem Einmarsch der Amerikaner die Munition in einem Teich. Im Schlamm dieses flachen Teiches steckten die Patronen dann, und es war mir beim Eislaufen oder Eisschießen auf diesem Teich immer ein wenig mulmig zumute, seit mein Freund sagte, daß sein Vater gesagt habe, diese Munition könne einmal durch die Erschütterungen zünden ... Es geschah aber nichts dergleichen, auch nicht als der Wirt nach dem Krieg wieder anfing, wie früher das Eis zu brechen, auf Schlitten zu laden und zu seinem Eiskeller zu bringen, wo er damit bis in den nächsten Herbst hinein auf natürliche Weise seine Kühlung bewerkstelligte.

Mein Vater wurde auch nach 1945 über die Politik in Österreich nicht mehr froh. Zu viel war auch jetzt seinem Verständnis nach daran im Widerspruch zum Christentum, an dem er sich unverbrüchlich orientierte.

Zeit seines Lebens galt für ihn der römische Festkalender. Sprach er von Ereignissen der Vergangenheit, dann nannte er statt des Datums meistens den heiligen Tagesregenten. Am Thomastag im Jahr 1927 hatten wir eine solche Gieß, daß das Wasser ... Oder er sagte zu uns: Nach Georgi dürft's nimmer durchs Gras waten.

Als am frühen Morgen des 6. Jänner 1971 die Mutter starb, sagte er: Der Herrgott hat unsere liebe Mutter am hohen Tag seiner Erscheinung abberufen. Er selbst starb am frühen Morgen des 1. Jänner 1977. Er starb am Festtag der Beschneidung des Herrn.

Der Wintersport

Vorerst war die Faßdaube. Ich bin noch mit Faßdauben *Ski* gefahren, wenn man so sagen kann.
Später kamen die Denk-Skier. Denk hieß ein
Rechenmacher und Drechsler, der die Erzeugung
von Skiern in sein Produktionsprogramm aufge-
nommen hatte. Denk-Skier waren schmal und
lang und vorne zu einer Nase zugespitzt. Man
mußte die Skier damals über den Sommer ein-
spannen. Man legte dazu einen hölzernen Klotz in
der Mitte bei den Bindungen zwischen die beiden
Skier, schnürte die Bretter hinten und vorne mit
einem Strick oder Riemen zusammen und zwängte
an den Spitzen, in die eigens ausgekerbten Nasen,
ein Stäbchen von ungefähr einem halben Meter
Länge, um die Biegung auf dem alten Stand zu
halten oder womöglich zu erhöhen. Um das Bie-
gen zu erleichtern, wurde oft auch mit heißem
Wasser oder Dampf nachgeholfen. Die Skier
waren anfangs auf der Unterfläche wie die Faßdauben mehr oder weniger glatt. Später schnitzte
der Denk eine ungefähr einen Zentimeter breite
und tiefe Rinne in die Lauffläche, um dem Ski eine
bessere Führung zu verleihen. Auch die Bindungen waren primitiv, massive Backen, später ver-
stellbare, die sich aber oft selbständig machten,
sodaß man mit dem Schuh innen oder außen neben
dem Ski stand, Riemen mit Schnallen, dann ge-
drehte Federn, die man in eine tiefe Rille am Absatz des Schuhs einlegte, bevor man die Feder mit
einem Schnapper spannte. Entsprechend war auch
das Schuhwerk, man hielt für den Sport alles das

für angebracht und *lang gut* (gut genug), was zu sonst nichts mehr taugte. Das sehe ich für eine durchaus würdige menschliche Haltung einer Nebensache gegenüber an.

Unvergeßlich bleibt mir die Werkstatt des alten Denk, ein stubenartiger, relativ niedriger Raum, mit dicken Mauern, kleinen Fenstern, einer Werkbank, einer Drehbank für Drechslerarbeiten, einer Bandsäge, einer Kreissäge, dicht unter der Decke eine Transmission, einem schlanken, zylindrischen Ofen mit einem elendlangen, um die Ecke gewundenen Rohr und rundum an allen Wänden, auch in verschiedenen Mauernischen und Kästen Werkzeug über Werkzeug, Hämmer aller Art, Sägen, Stemmeisen, Hobel, sogenannte Reifmesser für die Arbeit an der sogenannten Heinzelbank, Hacken, Dorne, Feilen und so weiter.

Rechen wurden aus Eschenholz hergestellt. Es gab dabei zwei Typen, den kleinen Heugrechen und den großen Streifrechen. Ein Streifrechen war doppelt so breit wie der Heugrechen und hatte statt des einfachen Stiels eine gespaltene Gabel mit seitlicher Verstrebung, dieser große Rechen war vor allem zum Nachheuen beim Einführen bestimmt. Einmal geriet uns ein solcher Rechen unter den Wagen, und es gab ein Knistern und Krachen vom Brechen der Zähne und der Haltestreben. Das war ein beträchtlicher Schaden und ein schlechtes Vorzeichen.

Die Zähne, die in das Blatt eingesetzt wurden, mußten absolut trocken sein, um fest zu sitzen. Der Denk brachte darum immer Körbe voller Zähne zu uns, wo sie über dem Backofen eine

Zeitlang gelagert und getrocknet wurden. Trokken pflanzte er sie streng ins Blatt ein, dann steckte er die fertigen Rechen eine Nacht in das Wasser einer kleinen *Lacke* neben seinem Haus, anschließend waren die Zähne wie angewachsen.

Durch die Erfahrung im Umgang mit der Esche, die auch für Skier verwendet wurde, war der Denk schließlich auch der gegebene Skierzeuger. Er widmete sich diesem Geschäft, wenn auch mit einem gewissen Unernst und geistigen Vorbehalt, hielt wohl diejenigen, die sich für diesen Artikel interessierten, für ein wenig verrückt. Ein Rechen hatte einen Sinn. Er war selbst ein Mann über die Sechzig, gichtleidend, und benützte darum beim Gehen immer einen Stock. Getestet hat er seine Skier natürlich nie. Trotzdem waren sie im Umkreis bekannt und gefragt. Es werden, meiner Schätzung nach, so an die 50 Paar gewesen sein, die seine heimelige Werkstatt verlassen haben.

Das Skifahren war ein einziger Kampf mit dem Material. Groß aber war der Einfallsreichtum der Kinder und Jugendlichen, um sich auf den Skiern zu erhalten. Im Circus sieht man manchmal Clowns und Komiker, die den Tolpatsch spielen und ununterbrochen aus dem Gleichgewicht zu geraten drohen, sich aber im letzten Augenblick immer noch fangen, ein solches fortgesetztes Fallen und dem Fall Zuvorkommen, sich aus den unglaublichsten und, physikalisch gesehen, unmöglichsten Lagen aufzurichten und ins Lot zu bringen – das war die Kunst des Skifahrens. Ich habe es so in Erinnerung, daß die Skier fuhren und man versuchte mitzufahren. Richtung und Tempo aber bestimmten das Gelände und die Ausrüstung.

Und es gab genug Zusammenstöße. Oft krachten zwei mit voller Wucht zusammen, oder es fuhr einer gegen einen Baum, daß die Eschenbretter des Denk splitterten und zu Bruch gingen. Manchmal aber schien ein Zusammenstoß oder ein Anprall unvermeidlich, und plötzlich überlegten es sich die Skier des einen und schwenkten kurz vor dem Unglück, wie von einer Zauberhand gelenkt, in eine andere Richtung ab, als ob nichts gewesen wäre. Mit Faßdauben und Gummistiefeln zu fahren, verlangte das Äußerste an Körperbeherrschung. Es glich einem Rodeo. Und doch gab es welche, die mit ihren Dauben über Sprungschanzen gingen und zehn und mehr Meter durch die Luft flogen. Da man bei Dauben in der Mitte in einer Art Tal stand, konnte man sich während der Fahrt zwischendurch auch drehen und verkehrt fahren, was bei heutigen Skiern mit ihrer eindeutigen Orientierung nicht mehr möglich ist.

Im Jahre 1953 absolvierte ich mit Denkskiern einen Schulskikurs, den Skikurs meines Lebens. Einige Klassen des Welser Gymnasiums, so auch meine, fuhren nach Radstadt, um auf der Felser Alm in den Tauern eine Woche lang den Skilauf zu erlernen oder zu vervollkommnen. Die Schülerinnen und Schüler der 5. Klassen standen schon am Bahnsteig, als ich, der einzige Fahrschüler meiner Klasse vom Land, dort eintraf. Ich erregte mit meiner Ausrüstung kein geringes Aufsehen. Die Mitschüler hatten damals alle bereits vielfach verleimte Markenskier oder Skier aus Metall oder Kunststoff und auch sonst gute Ausrüstung, während ich mit ein Paar Denkskiern mit zwei Schnäbeln an den Spitzen, altertümlichen Bindun-

gen und zwei Haselnußstecken mit Schneetellern
aus einer gebogenen Gerte und Lederspeichen und
Schlaufen aus einem Kalbstrick daherkam. Auch
meine Kleidung war nicht auf dem neuesten Stand
der Mode. Mutter hatte gefunden, daß Kniehosen
mit Gamaschen um die Waden zum Skirutschen
das Beste seien. Die Skischuhe waren umgewid-
mete Goiserer mit der tiefen, mit einer Rundraspel
hergestellten Rille am Absatz. Ich trug einen
Hubertusmantel und eine Zipfelmütze, außerdem
einen schweren Rucksack und als Handgepäck ein
kleines Köfferchen, an dem ich die Skistöcke fest-
gezurrt hatte. Der Turnlehrer sah bedenklich auf
mein Material und meinte, damit würde das Skifahren sicher nicht ganz leicht werden ...
Die Mitschüler staunten über meine Ausrüstung,
und auch ich merkte den Abstand meines Mate-
rials von ihrem – und schämte mich. Mit Bitterkeit
dachte ich an die Eltern, vor allem an den Vater,
der für den Sport absolut nichts übrig hatte und
der mich in diese ungute Außenseiterlage gebracht
hatte.
Als wir am ersten Morgen des Kurses in vier
Gruppen eingeteilt wurden, fand ich mich sofort
und automatisch in der vierten und letzten. Der
Turnlehrer besorgte mir nach den ersten Übungen
ein Paar von den Leihskiern, wie sie für alle Fälle
in der Hütte standen. Es zeigte sich aber, daß ich
mich damit noch schwerer tat als mit den gewohn-
ten Brettern. So ließ mich der Lehrer bei meinem
unorthodoxen Balancestil und machte auch keine
weiteren Anstrengungen, mich in die fremden und
meinem Gerät unangemessenen Regeln des alpi-
nen Skilaufs hineinzuzwingen. Ich fuhr den ange-

stammten Denkstil, und die paar Mann der letzten Gruppe und unser Betreuer staunten sogar manchmal nicht wenig, was ich auf meinen unberechenbaren und unlenkbaren Brettern an Stehvermögen bewies. Die Hänge waren damals noch nicht so bevölkert wie heute, sodaß der Mangel an Dirigierbarkeit nicht so sehr ins Gewicht fiel. Heute würde ein solcher Irrläufer und Geisterfahrer Katastrophen anrichten und Liftverbot und einen Pistenverweis bekommen.

Es ging soweit alles gut, bis einmal alle Gruppen gemeinsam ein Stück der Paßstraße, die von Radstadt herauf wegen des vielen Schnees für den Verkehr unpassierbar geworden war, mit den Skiern abfuhren. Man mußte hier in einem relativ schmalen, vielleicht sieben oder acht Meter breiten Graben zwischen meterhohen Schneemauern talwärts. Sicherheitshalber fuhr ich gleich einmal als letzter. Die übrigen Schüler hatten sich schon lange an einem tiefergelegenen Punkt gesammelt, als ich noch auf halber Strecke einen verzweifelten Kampf kämpfte. Hier und unter diesen Bedingungen wirkte sich ein Umstand besonders gravierend und verhängnisvoll aus, daß mir nämlich mein Freund zu Hause auf die Denkbretter Stahlkanten montiert hatte, diese aber verkehrt herum anbrachte, mit dem sogenannten Stoß nach vorne. Links und rechts von den Skiern staubte an den Verbindungsstellen der einzelnen Kanten der Schnee zur Seite. So verrissen die Skier auch alle Daumenlang je nach Belastung, was diesmal zur Folge hatte, daß ich mich alle fünfzig bis hundert Meter so tief in die Schneewände bohrte, daß ich nur mit Mühe wieder herauskam. Das alles sah

41

natürlich für Außenstehende sehr lächerlich aus, und obwohl sich die Mitschüler und die Mädchen der Parallelklassen bisher mit Spott zurückgehalten hatten, weil sie meine Ausrüstung und meine Fahrweise eher als einen Sozialfall ansahen, über den man nicht lachen durfte, sondern mit dem man im Gegenteil Mitleid haben mußte, lösten mein verzweifeltes Pendeln zwischen der rechten und der linken Schneewand und meine aussichtslosen Versuche, in der Mitte zu bleiben, diesmal ein großes Gelächter aus. Sie nannten mich Schneemann. Ich sah durch das viele Stürzen, Eingraben und Auf- und Herausrappeln verwegen aus, die Gamaschen hatten sich gelöst, die gesamte Kleidung war angegriffen. Und angegriffen war vor allem mein Selbstwertgefühl. Ich machte zwar gute Miene zum bösen Spiel (was man freilich kaum sah, weil ich soviel wie eingeschneit war), war aber im Innersten getroffen und verletzt. Dies alles war nicht so lustig wie vielleicht diese Geschichte. Mir war widerfahren, wovor ich immer die größte Angst hatte, nämlich zum Gespött zu werden. Mir war richtig nach Ecce homo zu Mute, und ich belohnte mich wohl auch ein wenig mit Selbstmitleid. Fest stand aber für mich, daß ich in Zukunft keine weiteren Skiversuche mehr starten wollte. Ich habe mich auch in den folgenden Jahren, meist als einziger, regelmäßig von den Skikursen abgemeldet. Da ich auch an den Tanzkursen und anderen Gesellschaften der Klasse nicht teilnahm, erwarb ich mir allmählich einen soliden Ruf als Spielverderber.

Ich habe seit dem damaligen Skikurs keine neue Anstrengung mehr unternommen, um das Skifahren zu erlernen, ich bin dem Skisport somit treu geblieben. Ich habe mich hundertemal der Reklame widersetzt und mir weder solche noch andere Skier gekauft. Einen guten hölzernen Rechen würde ich mir kaufen, den gibt es aber nicht mehr, so wie es den alten Denk nicht mehr gibt. Auch habe ich immer allen Parolen vom Nutzen und von der Notwendigkeit des Fremdenverkehrs und des Wintersports mißtraut. Neuerdings kommt man uns ganz raffiniert. Plötzlich heißt es, jeder, der nicht Ski fährt, leiste keinen Beitrag zur Erhaltung der Arbeitsplätze in der Skiindustrie. Mich aber läßt der Winter kalt. Ich sitze hinter dem Ofen, drehe das Radio auf und höre Meldungen über verstopfte Straßen zu den Wintersportorten, über Skiunfälle, Seilbahn- und Lawinenunglücke. Ein richtiger Skimuffel, setze ich mich hin, schreibe eine Geschichte über den Wintersport und gefährde seelenruhig Arbeitsplätze.

Der Eisstock

Wo ich auch hinkam und Eisschützen beim Eisschießen zusah, an keiner der anderwärts gepflo-
genen Spielarten und Varianten fand ich Gefallen,
sie kamen mir alle, verglichen mit unserem oberösterreichischen Modus ludendi, eher unvernünf-
tig und reizlos vor. Manchmal stand ich, bei verschiedenen Reisen, in der Steiermark, in Salzburg
oder in Kärnten, winterszeit am Rand eines Teiches oder eines künstlich hergestellten Eisplatzes
und beobachtete mit Interesse und Verachtung die
sichtbar enttäuschende Kümmerform eines an sich
prächtigen Sportes, wenn er in Anlage und Aus-
führung sein hohes und ideales (oberösterreichi-
sches) Niveau erreicht ... Ich war oft versucht,
dreinzureden, etwas einzuwenden und Ratschläge
zu erteilen, und nur mein Widerwillen, zu wild-
fremden Leuten irgend etwas zu sagen, war stär-
ker und größer als mein Mißfallen an den fremden
Spielregeln und Spielunarten. Was spielt ihr da nur
zusammen, war ich versucht zu sagen, oder auch:
Was verwendet ihr da nur für unmögliche Stöcke!
Was ich an Eisstöcken und Gerät erlebte, entsprach ganz und gar nicht den Erwartungen eines
Hausruckviertlers von einem Eisstock. Das waren
brettebene Scheiben mit langen, einer großen
Pfeife nicht unähnlichen Stielen und einem elend
krummen Knauf. Die alpenländischen Eisbahnen
waren nach meinem alpenvorländischen Dafür-
halten viel zu lang, hatten ein ungünstiges Seefor-
mat und erlaubten darum kein präzises und geziel-
tes Arbeiten, auch kein kräftiges Verschießen

gegnerischer Stöcke von jeder gewünschten Seite und mit dem besonderen, haargenau und scharf bemessenen Nachdruck. Der große Abstand von der sogenannten *Fuße,* dem ins Eis geritzten Grübchen zum Einsetzen des Fußes, bis zur sogenannten *Taube,* einem beweglichen Holzklötzchen, dem Ziel- und Angelpunkt des ganzen Spieles, das manchmal, wenn darauf geschossen wurde, seinen Namen wörtlich nahm und durch die Luft flog, degradierte die alpenländische Ausprägung des Eisschießens zu einem Glücks- und Lotteriespiel. Das waren nur einige der Fehler, die ich unterwegs wahrnahm. Ich konnte ein solches Spiel nicht ernst nehmen.

Ich machte freilich die Feststellung, daß die Gepflogenheiten der Eisschützen nicht nur von Land zu Land, sondern bereits von Gemeinde zu Gemeinde, ja letztlich von Teich zu Teich verschieden sind. Überquert man aber die Alpen oder fährt man in ein anderes Bundesland, so ist das Spiel fast nicht mehr wiederzuerkennen. Da stand man also, meinte besser zu wissen, wie es eigentlich gemacht gehörte, und wunderte sich, daß diese Menschen an ihrem kindischen Treiben eine solche Freude finden und sich mit einer solchen Ausdauer stunden- und tagelang nach sinnlosen Regeln einem durchaus unattraktiven Spiel hingeben können. Sicher aber galt auch umgekehrt, daß ein Fremder und Auswärtiger unserer Spielweise nichts abgewinnen hätte können, was sich auch verschiedentlich zeigte. Das erwies sich etwa nach dem Krieg, als die nach Oberösterreich gekommenen Heimatvertriebenen und Flüchtlinge das landesübliche Eisschießen erlebten – und verschmähten. Sie zogen sich auf eigene Teiche zurück, wo sie das Spiel nach den Regeln ihrer alten Heimat praktizierten. Ich hörte einmal einen Einheimischen, der ihnen dabei zugesehen hatte, darüber erzählen: Das war die Rede eines Orthodoxen und Rechtgläubigen über Häresie und Sektierertum.

Wenn ich von heute aus auf meinen eigenen seinerzeitigen kuriosen Eifer für die rechte Nebensache zurückblicke, dann ist er mir ein schönes Beispiel nicht nur für Heimatsinn und Beharrlichkeit, sondern auch für Starrsinn und Chauvinismus. Er illustriert nicht nur das Sprichwort: Was der Bauer nicht kennt, frißt er nicht, sondern auch die Schwierigkeit, jedem seine eigene Fasson zuzugestehen, nach der er selig werden will. Am landlerischen Wesen wird der Eisstock genesen. (Chauvinismus plus Macht aber ergibt bekanntlich leicht Zwangsbeglückung.) Daß die Ordnungen nicht nur auf dem Eis und beim Spiel solid und rigid, sondern auch im gesamten übrigen Leben versteinert und eingefroren waren, wurde mir schon sehr früh, gerade am Beispiel der Heimatvertriebenen, bewußt.

Nach dem Krieg lebten im Hausruckviertel viele Deportierte und Flüchtlinge aus dem Osten, in der Mehrzahl Donauschwaben. Auch in meinem Elternhaus lebte eine Familie aus dem Temescher Banat. Wie es im einzelnen zur Tragödie der Vertreibungen und Ausweisungen gekommen war, verstand ich als Sieben- und Achtjähriger natürlich nicht, daß es aber einen Krieg gegeben hatte und daß etwas sehr Schwerwiegendes und Trauriges vorgefallen war und daß zwischen diesem Krieg und den Flüchtlingen ein Zusammenhang bestand, wußte ich wohl. Das Leben der Flüchtlinge aber war schwer, und sie hatten mein ganzes kindliches Mitleid. Auch dort, wo es die Flüchtlinge gut hatten, wie es hieß, was bei unseren Banatern vielleicht der Fall war (meine Familie jedenfalls war davon überzeugt), hatten sie es lediglich »gut« aus Mitleid, Gnade und Duldung. Man erwartete aber von ihnen Anpassung und nach all den bereits erlittenen Verlusten letztlich die Selbstaufgabe. Ohne eigentlich bösen Willen bei den Gastgebern, gab es für die Flüchtlinge viele Demütigungen in ihrer sogenannten neuen Heimat. Ich erinnere mich daran, daß Vater manchmal sagte, dem Herrn Weißhaupt, dem Vater unserer Banater Familie, der bei uns arbeitete, müsse man die Landwirtschaft erst noch ein wenig beibringen. Er brauche noch ein wenig Hilfe und Nachhilfeunterricht im Landwirtschaften. Dabei war Herr Weißhaupt vor der Vertreibung selbst Bauer gewesen. Vater stellte ihn aber mit bevormundendem Wohlwollen als einen sozusagen unkultivierten Wald- und Wiesenlandwirt aus dem Osten hin, dem die feine mitteleuropäische Agrikultur offenbar noch fremd und ungewohnt war. Banat und Balkan waren für meinen Vater so viel wie Asien, die Landwirtschaft, die in Bulgarien, Rumänien und Serbien betrieben wird, nannte er *vorsintflutlich*. Was aber mußte diese schlechte, wenn auch nicht so schlecht oder überhaupt *gut* gemeinte Behandlung für Herrn Weißhaupt bedeuten, der als freier und großer Bauer, wie seine Vorväter seit fast zweihundert Jahren, im fruchtbaren Rumänien gelebt hatte und nun als Knecht bei einem kleinen oberösterreichischen Müller,

Klein- oder Beunthäusler dienen mußte, dessen in der Gegend verstreuter Besitz insgesamt 14 Joch, also ungefähr 7 Hektar ausmachte und somit mehr aus Grenzen als aus Grund und Boden bestand!

Wenn die Heimatvertriebenen von ihren Häusern und ihrem verlorenen Besitz sprachen, ernteten sie oft Verständnislosigkeit und auch mehr oder weniger milden Spott. Erzählten sie von der Schönheit und unermeßlichen Fruchtbarkeit ihrer verlorenen Heimat, dann sagten die Leute: Was nicht noch alles, das Paradies und ein Schlaraffenland wird es auch nicht gewesen sein. Ihr übertreibt und schneidet wohl ein wenig auf. Sprachen sie von daheim, so sagten die Leute: Daheim, daheim ... Daheim haben die Bettelleut auch Weiber. Die Wendung *han ma g'het* (haben wir gehabt) wurde zu einem Neck- und Spottwort. Mit unverhohlener Mißbilligung und großer Mißgunst aber wurde von vielen Einheimischen zur Kenntnis genommen, daß sich einzelne zugezogene Vertriebene in ihrer neuen Heimat in bestimmten Berufen, die sie, wie etwa die Gablonzer das Schmuckerzeugen, schon in ihrer alten Heimat betrieben hatten, überzeugend durchsetzten und etwa als Unternehmer wirtschaftlich erfolgreich waren. Das schien vielen nicht in Ordnung. Was oben war, sollte oben, und was unten war, sollte unten bleiben. Als man sich aber mit dem Erfolg der Neubürger aus dem Osten abzufinden begann, hieß es mit einemmal wieder: Sind brave und fleißige Menschen. Sind halt doch auch Deutsche, unsere Volksdeutschen.

Mein Vater hatte es mit Herrn Weißhaupt so lange

gut gemeint, bis diesem das ganze Gutmeinen einmal zuviel wurde und er meinem Vater die Verachtung und Geringschätzung, die sich seiner Meinung nach in all den stichelnden Bemerkungen und Belehrungen verbargen, in einer lauten und heftigen Rede als Beleidigung seiner Würde und seines Stolzes vorwarf. Vater war völlig fassungslos über den Wutausbruch des Herrn Weißhaupt, weil er es doch immer *gut* mit ihm gemeint habe ...

Zu Weihnachten, am Heiligen Abend 1946, hatten wir die gesamte Familie Weißhaupt in unsere Stube eingeladen, wir hatten alle gemeinsam gebetet und gesungen, die Banater hatten uns Weihnachtslieder der Donauschwaben und aus der Batschka und dem Banat vorgesungen, es war alles sehr stimmungsvoll, sehr friedlich und harmonisch verlaufen. Und dann plötzlich, wenige Tage nach Weihnachten, dieser häßliche Haß! Herr Weißhaupt sagte, er habe einen großen Respekt vor der Religion, und er sei selbst ein Christ, aber auf das Christentum des Vaters könne er verzichten, Vaters Besserwisserei sei ein ganz und gar unchristlicher Hochmut. Einen Heimatvertriebenen so zu behandeln, sei eine himmelschreiende Sünde. Sind arme Leute, sagte die Mutter, kommen von weit her, haben viel mitgemacht. Gott weiß, was in ihnen steckt. Mutter sagte, Vater dürfe nicht zurückzürnen. Es sei besser zu beten: Vergib uns unsere Schuld, wie auch wir vergeben unseren Schuldigern.

Herr Weißhaupt hatte verschiedene Verbesserungen und Neuerungen vorgeschlagen, die dem Vater aber nie gefielen und die er immer als *Banat-*

lerbrauch abtat. So schlug Herr Weißhaupt einmal vor, die Schweine nach dem Abstechen nicht mit heißem Wasser abzubrühen, mit Ketten zu *reigeln,* das heißt im heißen Bad mit untergezogenen Ketten im Trog zu wälzen und anschließend mit scharfen Küchen- und Rasiermessern auf der sogenannten Saubank zu schaben und zu rasieren, sondern statt dessen lieber, wie es im Südosten der Brauch sei, das Schwein in Stroh einzuwickeln, das Stroh anzuzünden und auf diese Art die Borsten bis an die Haut zu versengen. Das sei einfacher, meinte Herr Weißhaupt, und außerdem gründlicher, vor allem gründlicher. An den Schwarten der Fleischstücke, die auf den Tisch kamen, waren nämlich immer noch viele unschöne Borsten, die dem Abbrühen und Abschaben widerstanden hatten. Das rührte daher, daß der Weg vom Herd, wo das Wasser über dem Feuer in sogenannten *Kupfern,* großen Häfen, die freilich nicht aus Kupfer, sondern aus einem billigeren Metall waren, erhitzt und gekocht wurde, bis zum Sautrog, dem Ort des Verbrauchs im Innenhof, sehr lang war, sodaß das Wasser dort, wo man mit den randvoll gefüllten schweren Kupfern natürlich nicht schnell laufen konnte, sondern Schritt vor Schritt trippeln mußte, nicht mehr so heiß und siedend ankam, wie es notwendig gewesen wäre. Außerdem war das Feuer im Küchenherd im wesentlichen auf ein Gefäß konzentriert, und die um dieses ausgezeichnet plazierte Gefäß herumstehenden Gefäße bekamen weniger Hitze ab. Auf Grund dieser und anderer Unzulänglichkeiten war das Schwein nie richtig zu enthaaren, und auf der Haut standen hier und da stachelige Borsten.

Bekam man beim Essen eine solche Borste in den Rachen oder Hals, verursachte sie einem ein unangenehmes Kratzen und war auch nur schwer und unter starkem Husten wieder herauszubekommen. Als aber Herr Weißhaupt seinen Verbesserungsvorschlag machte, war Vater trotzdem davon nicht angetan, das erschien ihm nicht die Lösung des Problems. Er hörte sich alles an, schüttelte aber öfter den Kopf. Später sagte er, daß er diesen Balkanbrauch lieber nicht einführen möchte, denn er möchte unmittelbar nach dem Abstechen die Schweine ja nicht gleich selchen. Geselcht würden später einzelne Teile nach dem Tranchieren. Aber wer redet denn von Selchen, sagte Herr Weißhaupt, es handle sich bei dieser Methode ja nur um ein jähes Strohfeuer, das die Borsten verbrennt, aber das Fleisch und auch die Haut unberührt läßt. Vater lachte aber und meinte, daß ihm ein solches Vorgehen wie das Verbrennen des Sonnwendhansels vorkomme. Am 24. Juni, dem Fest des heiligen Johannes des Täufers, wurde damals von den Jugendlichen am Land der sogenannte *Sunnenwendhansel,* eine mit Stroh ausgestopfte, einer Vogelscheuche ähnliche Figur, auf einer langen Stange aufgerichtet, angezündet und verbrannt, bevor über das eigentliche Sonnwendfeuer gesprungen wurde. Vater fand noch andere Gründe, warum ihm der Vorschlag des Herrn Weißhaupt sonderbar, lächerlich und nicht tunlich vorkomme. Auch spielte er die Mängel, die durch das lauwarme Wasser bei der alten Methode entstanden, herunter. Dort und da ein Härchen spiele doch wirklich keine Rolle. Diese Großzügigkeit entsprach seiner Art bei der Arbeit und auch im Persönlichen, die mit *schlampig* vielleicht zu negativ, mit *genau* aber unbedingt zu positiv beschrieben wäre. So war er auch selbst immer schlecht rasiert ... Herr Weißhaupt resignierte und sagte nichts mehr. Tut, was ihr wollt, dachte er. Durch den ständigen, oft spöttischen Widerspruch aber, den er in vielem erfuhr, sammelte sich in ihm allmählich eine große Wut an, sodaß es später zu jenem denkwürdigen Zornesausbruch kam, der uns alle so sehr erschreckte. Herr Weißhaupt hat unserem Vater sogar Schläge in Aussicht gestellt.

Es zeigte sich aber, daß die Eingeborenen von den *Rumänern,* wie die Heimatvertriebenen auch genannt wurden, ob sie nun aus Rumänien, Bulgarien oder Jugoslawien kamen, doch so manches lernen konnten. Vor allem auf dem Gebiet der Gärtnerei, dem sozusagen edelsten Sektor der Landwirtschaft, zeigten sich die Rumänen als konkurrenzlos. Sie erwiesen sich als wahre Meister im Pflanzen, Ziehen, Zubereiten und Konservieren von Gemüse, Salaten und Früchten und allem, was damit zusammenhing. Ein Rumäner, sagten die Leute, braucht ein Gurkerl nur anschauen, dann wächst es auch schon. Sie haben eine gute Hand für Zwiebel und Knoblauch. Die Rumänen wurden den Leuten wegen ihrer vielen und geheimnisumwitterten gärtnerischen Künste und Praktiken geradezu unheimlich. Es war die Situation ein wenig der im Alten Testament beschriebenen zwischen Kain und Abel ähnlich: Einer macht ein Feuer an, und es brennt und raucht, und der Rauch steigt pfeil- und kerzengerade zum Himmel, das Feuer des anderen aber will und will nicht, es qualmt in die Breite und stinkt mehr als es zum Himmel raucht. Weiß der Herrgott, hieß es, wie die Rumänen das machen, es ist die reinste Hexerei. Als ginge es bei ihnen nicht mit rechten Dingen zu. Jedenfalls ging es bei unserem eigenen angelegten Vorrat an Gemüse, Kompotten und Marmeladen regelmäßig mit dem Teufel zu, wie ich Mutter heute noch über die häufigen Mißerfolge und Rückschläge mit dem Schimmel, mit dem Sauer- und Ranzigwerden, dem Gären, dem Umkippen und Brechen, dem Geschmackverlieren und Verfaulen klagen und jammern höre. Oft hat Mutter gesagt, daß sie die ganze Arbeit beim Einwecken und Einmachen schon verdrießt, weil dabei doch nichts Brauch- und Eßbares herauskomme. Den Rumänen schien alles wie mühelos zu gelingen. Der *Rumäner* ist mit den Gurken aufgewachsen, der *Rumäner* ist mit dem Paprika per du, sagten die Leute. Grüner Paprika war im Landl bis dahin etwas Unerhörtes, auch der Paradeiser führte sich erst allmählich ein, und ähnlich war es auch mit anderen Pflanzen. Groß war vor allem das Staunen, daß dies alles am Feld gedieh und daß die Rumänen mit ihrer Gärtnerei aus den engen Hausgärten hinaus ins freie Gelände gingen. Einen kleinen Haus- und Prägarten betrachteten die Rumänen allenfalls als ein Gewürzgärtlein, als einen kleinen Vorgarten für ein paar Krenwurzen, die Petersilie und den Schnittlauch.

Nichts hilft mehr als der Erfolg. Die großen Kürbisse und Paradeiser, die Bohnen und die Gurken waren ein meß- und wägbarer Erfolg und ein unwiderlegliches und stichhaltiges Argument.

Daß die Fremden auch sonst geschickt und handfertig und darüber hinaus auch umgänglich waren, das zeigte sich, als nach und nach einige von ihnen den Banater Ghettoteich verließen, aus ihrer halb selbstgewählten und halb aufgezwungenen Isolation heraustraten und sich unter das Volk mischten und bei den Einheimischen mitspielten. Das war, was im besonderen das Eisschießen betraf, nicht auf jedem Teich möglich. Es gab ausgesprochen exklusive Moarschaften mit ausgesuchten Einheimischen. Dort wurde meist um teures Geld geschossen, die Schanze etwa um 5 Schilling. Schon dieser Tarif bedeutete den Ausschluß unbegüterter Schützen. Diese Hasardeure unter den Eisschützen hatten es auch nicht gerne, wenn ihnen irgend jemand zusah, der Einsatz verlieh ihrem Spiel etwas Privates und Diskretes. Auf diesem Teich galt das Bankgeheimnis. Daneben existierten aber auch offene Gesellschaften, an denen sich jeder beteiligen konnte, sogar Banater. Hier spielte die Herkunft für die bloße Teilnahme keine Rolle, wenn auch alles, was ein nicht zur landläufigen Bevölkerung gehörendes Individuum vollbringt, immer und sofort mit seinem Außenseitertum in Zusammenhang gebracht wird. Wenn also ein Banater gut oder schlecht schoß, dann wunderte man sich in jedem Fall, entweder weil oder obwohl er doch ein Banater war. Das ist eine geläufige Erscheinung der Sozialisation, ein Fremd- oder Gastarbeiter kann ja heutzutage auch keinen Autounfall als normaler, das heißt schwacher Mensch verursachen, er verursacht ihn immer als Fremd- oder Gastarbeiter. Alles was er Gutes und vor allem Böses tut, tut er in seiner Eigenschaft als Fremder. Wichtiger als sein Eigenname ist in der Berichterstattung über seine Untaten sein gesellschaftlicher Ausnahmezustand.

Mitmischen und Mitspielen haben in jedem Fall die Eingliederung der Flüchtlinge beschleunigt. Die Fremdenangst verlangt darüber hinaus eine gewisse Kraft, eine permanente neurotische Energie, die aber allmählich wie die Spannung einer altgewordenen Batterie auch nachläßt. So wird Assimilation möglich. Widerstände gegen ein reibungsloses Zusammenleben gab es bei der Mehrheit und bei der Minderheit aber weiterhin genug. Als unser Knecht um das Jahr 1947 ein schönes sudetendeutsches Mädchen heiratete, war die Enttäuschung seiner Eltern groß. Ehen wurden nach altem Väterbrauch hierzulande von den Eltern organisiert und immer noch, jedenfalls bei den Besitzenden, nach vernünftigen, das heißt wirtschaftlichen Gesichtspunkten der Mitgift und der Erbschaft geschlossen. Eine Verbindung zwischen einem Besitzenden und einer Habenichts oder auch zwischen einem einheimischen Habenichts und einem besitzlosen Flüchtling, wie im Falle unseres Knechtes, galt als ausgesprochener Fehl- und Mißgriff. Da das Mädchen besonders rassig war, war diese Verbindung auch noch das öffentliche Eingeständnis der nackten Lust ... Hier war offenbar Erotik die Triebfeder, was den Fall zur schieren Sünde verschlimmerte. Ich habe als Kind das viel gesungene Lied *Fein sein, beinander bleiben* immer als *fein bleiben* und *unter sich bleiben* verstanden, so wie es die Reichen auf ihrem Teich hielten.

Mag es regnen oder wittern oder abherschneiben.

Winterfenster

Je nach Witterung, meist aber Mitte Oktober, hängte die Mutter die Winterfenster ein. An den Flügeln war mit Zimmermannsblei angezeichnet, woher sie stammten und wohin sie gehörten, die Beschriftungen waren aber im Laufe der Zeit unleserlich geworden. Es war freilich schon ein Kunststück, ein Küchenfenster in die Scharniere und in den Stock der Burschenkammer zu zwängen, wie es einmal die Magd versuchte und dabei Schaden anrichtete – Glas läßt sich nicht drücken –, wo doch jedes Fenster in Ausmaß, Form, Farbe und Zustand eine individuelle und besondere Sache für sich darstellte, so wie auch keine Tür im Haus der anderen glich. Alle Türen waren unterschiedlich hoch, insgesamt aber niedrig. Dafür waren sie um so breiter. Auch hatten keine zwei Fenster oder Türen die gleichen Beschläge, sie hingen unterschiedlich in den Gehängen. Die einen fielen einem entgegen, man mußte sie zurückhalten, die anderen wollten freiwillig auf keinen Fall aufgehen, hier mußte man Nachdruck dahintersetzen. Das Haus war sowohl insgesamt als auch in seinen Teilen eine ausgeprägte Sonderanfertigung.
Ein wahres Meisterstück der Zimmermannskunst aber war der sogenannte Stiegenkasten im Schlafzimmer meiner Eltern. Er stand an der einen Wand, bis zur Zimmerdecke aufragend, mit zwei gefelderten Türen, über denen ein verziertes Gesims angebracht war. Nur das harthölzerne und ausgetretene Trittbrett unter dem rechten Türflügel störte die Illusion des Kastens und ver-

riet ein wenig den wahren Zweck dieses maskierten Möbels. In den rechten Teil des Kastens mußte man einsteigen, wenn man in die *Höhe* gelangen wollte, wie wir das obere Stockwerk nannten, wo sich die Mädchen-, die Burschenkammer und die sogenannte Hochstube, auch Bessere Stube genannt, befanden. Im Inneren dieser rechten Kastenhälfte war eine enge, ungemein steile Stiege mit schmalen Brettern. Nur lang, das heißt hoch war sie nicht, weil sie ja nur eine geringe Zimmerhöhe zu überwinden hatte. Stieg man in diesen Stiegenkasten ein, so befand man sich vorerst im Dunkeln, weil eine Falltür den Lichteinfall von oben verhinderte. Hatte man die Falltür geöffnet, sah man hinauf in die Mädchenkammer, in der die drei Schwestern schliefen. Oft habe ich mich in diesen Stiegenkasten gesetzt, die Kastentür und die Falltür geschlossen und vor mich hingeträumt. Ich versteckte mich dort wie das siebente Geißlein im Uhrenkasten im Märchen vom bösen Wolf. Als man mich einmal suchte und schließlich im Stiegenkasten fand, sagte der Vater mit großem Ernst zur Mutter: Ich glaube, mit dem Buben stimmt etwas nicht. Ich weiß auch nicht, was er hat, sagte die Mutter.

Einige der Fenster unseres Hauses wurden nicht mit Winterfenstern versehen, sondern einfach von außen mit Heu verstopft oder mit einem halben *Schwaden* vermacht, einem jener Strohballen, wie sie beim Dreschen aus dem sogenannten Binder kommen.

Die Stube bekam durch die winterliche Ausrüstung mit doppelten Fenstern, durch die Kreuze und Gitter, durch die heu- und strohverstopften

Fensternischen und durch die dicken Mauern etwas Höhlenhaftes. Zu lüften war sie im Winter nur noch bedingt und sehr schwer. Der Winter galt seinerzeit aber auch als eine schreckliche Zeit der Nöte und Leiden, und gegen das Übel des Frierens galten alle anderen wie etwa schlechte Luft als ganz unerheblich. Ich erinnere mich, daß ich manchmal auf dem Fensterbrett saß und in die klirrende Kälte hinaussah. Kamen gerade die Erwachsenen etwa am Sonntag von der Kirche nach Hause, so war ihnen schon aus der Entfernung anzumerken, daß sie nur noch von einem Gedanken getrieben wurden, dem Gedanken nämlich an die warme Stube. War einer besonders durchfroren, so riet ihm die Mutter, noch ein wenig im Vorhaus zu verweilen, weil das plötzliche Eintauchen in die Wärme der Stube nicht die gewünschte Wirkung zeigt, sondern im Gegenteil den brennenden Schmerz an Ohren, Händen und Füßen rasend verstärkt. Auch kalte Fußbäder wurden angerichtet und so der Teufel des Frostes durch den Beelzebub der Kälte ausgetrieben, ein sensorisches Paradox, das mich immer sehr erstaunt hat. Vor mir tauchen in meiner Erinnerung die schrecklich gelbwächsernen Hände meiner Schwester Anna auf. Und noch heute spüre ich den Frost an meinen eigenen Fingern. Schnell habe ich meist, wenn ich in Winterkleidern und Fäustlingen ins Freie ging, den Daumen aus seinem besonderen Finger gezogen, im Gemeinschaftshaus den vier anderen Fingern zugesellt und die Hand über den Daumen zur Faust geballt.

Der Bär in der Höhle unserer Stube war unser Vater. Er war, wenn er sich am Sonntag nachmittag auf das durchgelegene Sprungfedernsofa legte, durch die viele Arbeit während der Woche so müde, daß er sofort zu schlafen und zu schnarchen begann, was immer auch um ihn und auf ihm von seinen Kindern aufgeführt und veranstaltet wurde. Im Sommer verscheuchten wir ihm oft die Stubenfliegen, stellten uns dabei aber so ungeschickt an, daß wir ihn anstießen und aus dem Schlaf aufscheuchten. Schlafen bei starkem Lärm hatte Vater in der Mühle gelernt. In seiner Anfangszeit, als er sich die Mühle gekauft und mit den Schulden zu kämpfen hatte, mahlte er praktisch pausenlos, Tag und Nacht. Er verlegte damals sein Nachtlager ganz in die Mühle. Weil er aber wegen Übermüdung seine Alarmanlage oft nicht hörte, die das Hohlreißen des Mahlganges anzeigt, wenn kein Mahlgut mehr nachfließt, befestigte er an der Sturmglocke zugleich einen Bindfaden und sich selbst am anderen Ende, sodaß er nicht nur akustisch, sondern auch mechanisch wachgerüttelt wurde. Als er diese Vorrichtung einmal einem Bauern erklärte, sagte dieser: Damit kannst zum Patentamt gehen. Wegen seines sprichwörtlichen Arbeitseifers sagten die Leute von meinem Vater: Der Müller ist ein braver Mann, der Müller ist ein fleißiger Mann. Hinterrücks sagten sie aber auch: Der spinnt. Mir scheint, sagte einmal ein Bauer zu meinem Vater, du steckst nur noch in deiner Mühle. Du gehst wohl überhaupt nur noch zum Kindermachen zur Müllerin ins Haus hinüber.

In den Jahren nach 1945 kehrten viele aus Krieg und Gefangenschaft in die Heimat zurück. Die Mutter sagte, daß aber auch viele nicht mehr zurückkommen werden. Oft saß ein in russischer Kriegsgefangenschaft gewesener Nachbar an den Winterabenden an unserem Stubentisch und erzählte Unglaubliches über das Leben in Rußland, wie sich unsere Winter in nichts mit den russischen und sibirischen vergleichen ließen und wie am russischen Winter noch alle großen Feldherren gescheitert seien. Immer sprach er von einem gewissen Paulus, und ich dachte bei mir, das wird wohl dieser Paulus sein, von dem sie am Sonntag in der Kirche immer diese unverständlichen Briefe an die Römer und alle möglichen Völkerschaften verlesen. Der Nachbar erzählte, daß die Russen eigentlich ein ungeheuer frommes Volk seien, daß sie aber entsetzlich fluchen und trinken könnten. Mich wunderte nicht, daß bei diesem Klima ein Mensch zum Beten, zum Fluchen und zum Schnapstrinken anfängt. Der Nachbar sagte auch einige russische Sätze. Ich kann sie noch heute und weiß inzwischen auch, was sie Gotteslästerliches bedeuten. Heute weiß ich auch, warum der Nachbar damals zum Vater sagte: Morgen, Martin, sage ich dir in der Mühle, was das auf deutsch heißt. Dann erzählte der Nachbar von der russischen Wohnkultur, die eigentlich gar keine Wohnkultur genannt werden könne, weil alle Leute mitsamt den Großeltern und ihren Kleidern auf einem großen Ofen liegen und sehr von Läusen und anderem Ungeziefer geplagt werden, so daß sie sich gegenseitig absuchen. Die Russen, sagte der Nachbar, haben keine so schönen Winterfenster, wie ihr sie hier habt. Und er drehte sich um, damit er gegen eines der straßenseitigen Fenster zeigen konnte, die hofseitigen vor ihm waren nämlich mit dem Heu verstopft. Der Nachbar sagte, daß es die Zivilisation sehr schwer habe, nach Sibirien vorzudringen. Auch in moralischer Hinsicht, sagte der Nachbar, herrsche auf dem russischen Gemeinschaftsofen ein ziemliches Durcheinander, noch dazu wo es an den langen Winterabenden um Weihnachten dort oben recht düster sei. Vieles spiele sich im Dunkeln ab. Man sieht nichts. Alles das aber und auch der Bolschewismus ändere nichts daran, daß der russische Mensch im Kern seiner Seele ein religiöser und frommer Mensch sei. Wer die Russen jemals zu Weihnachten vor ihren Heiligenbildern, die man Ikonen nennt, beten und ihre Andacht verrichten gesehen habe, der wisse Bescheid. Sogar der Antichrist Stalin sei einmal ein Theologe gewesen in Georgien, seiner Heimat.

Die Mutter hatte es gar nicht gern, wenn wir dem Nachbarn so genau zuhörten, weil er oft etwas sagte, was für Kinder nicht geeignet war. Da passen sie auf wie die Haftelmacher!, sagte die Mutter, da sitzen sie da und spitzen die Ohren, in der Schule aber seid ihr unaufmerksam und schwätzt! Es war auch zu interessant, was der Nachbar da vom Väterchen Frost und vom fernen Rußland erzählte. Die Mutter sagte aber, als der Nachbar schon gegangen war, es wäre besser, wir würden für die Toten des Winterfeldzuges, bei dem auch aus unserer nächsten Freundschaft viele umgekommen sind, beten, als daß wir uns dem Nachbarn seine Redensarten anhören. Alles sei sehr traurig, der Nachbar aber mache dumme Witze. Diese unfaßbar grauenvollen Geschichten von Stalin und Stalingrad seien in der friedlichen

Weihnachtszeit gänzlich unangebracht. Und zu mir sagte die Mutter: Du gehst das nächste Mal ins Bett, ein Sechsjähriger hat bei diesen schlüpfrigen Sachen nichts verloren. An Kindern, die sich das Unrechte anhören und womöglich auch merken, habe das Christkind nämlich keine Freude nicht. Am Ende aller Winterabende aber in unserer Stube stand für mich die Schwierigkeit, daß man in die Finsternis und Kälte hinausmußte, wenn man vor dem Schlafengehen hinausmußte, was an der Lage unserer Gelegenheit lag. Resi, geh mit dem Alois mit, sagte die Mutter, er fürchtet sich ja. Du mußt hier stehenbleiben, sagte ich zur Schwester am Tor, wo man auch das Freilicht aufdrehen mußte, damit ich dich sehen kann. Ich sah dann unverwandt durch einen Spalt in der Tür auf meine Schwester unter dem schwach erleuchteten Tor. Tu weiter, sagte die Schwester, ich erfriere hier. Einmal rächte sich aber die Schwester für eine Gemeinheit, die ich ihr angeblich angetan hatte, drehte mir das Licht aus und zog sich von der Tür ins Haus zurück. Da verließ ich unverrichteter Dinge Hals über Kopf in panischer Angst den ungastlichen Ort und stürmte ins Haus, wo ich mein Werk im Stall hinter den warmen und dampfenden Kühen vollendete. Weinend aber beschwerte ich mich bei der Mutter, daß mich die Theresia im Finstern sitzen hat lassen. Da schimpfte auch die Mutter mit der Schwester und sagte, daß das Christkind einem Mädchen, das seinen kleinen Bruder in Angst und Schrecken versetzt, vielleicht gar nichts bringen wird, für solche boshaften Mädchen, sagte sie, ist der Krampus zuständig und nicht das Christkind.

Der Christbaum

Eine der wichtigsten Beschäftigungen der Bauern im Winter war damals die Holzarbeit, das Fällen und Ausästen der Bäume und das Bringen. Das Bringen und Streifen des Holzes war im Alpenvorland, verglichen mit den Verhältnissen im Gebirge, natürlich eine Leichtigkeit, aber trotzdem noch schwer genug. Die Bloche wurden in der Regel über zwei Schlitten gelegt, einen Zugschlitten mit einem *Gelenk,* einem lenkbaren Teil, und den Nachläufer, einen starren Schlitten bei Kurzfuhren, oder einen Schlitten, der mit Hilfe eines sogenannten Starzes, einer Art Deichsel, die man von Hand betätigte, das Ein- und Ausscheren erlaubte, bei Langfuhren. Eine Grundregel aller Arbeiten mit dem Holz war die bestmögliche Ausnützung der Fallgesetze, der Reibung und der Hebelwirkung. Viel tut so die Natur allein, wenn man sie nur wirken läßt. War das Holz gefällt, aus dem Wald in die Niederung und ins Tal hinaus und hinunter gestreift und verladen, wurde es ins Sägewerk gebracht.

Bis zum Jahre 1947 betrieb Vater neben Mühle und Bäckerei eine kleine einspännige Säge. Unser nächster Nachbar den Innbach abwärts war ebenfalls Müller und Sägewerker. Schließlich gab Vater im Jahre 1947 das Sägewerk und der Nachbar die Getreidemühle auf, so wurden aus zwei Sägemühlen je eine Säge und eine Mühle, und die gewerbliche Situation entschärfte und erleichterte sich dadurch sehr. Der Nachbar errichtete statt seiner ursprünglich ebenfalls einspännigen Säge ein

modernes Vollgatter, das Bäume bis zu 80 Zentimeter Durchmesser in einem Zug in einen Stoß
Bretter zerteilen konnte. Vater aber riß schließlich
das an die Mühle angebaute Gatter, das in seinem
unteren Teil auf Stelzen stand und über das Ufer in
das Bachbett hinausragte, nieder und erweiterte
die Mühle um einen Zubau.

Wenn die Bauern zur Schneezeit ihr Holz brachten, herrschte auf dem engen Blochplatz zwischen
Straße und Bach eine lebhafte Geschäftigkeit. Ich
schließe die Augen, denke ein Dritteljahrhundert
zurück und sehe das Treiben von damals: Die
Fuhrwerke werden entladen. Der Sägeknecht
achtet beim Abladen und Lagern bereits auf eine
gewisse Ordnung. Die Stämme werden mit Blau-
kreide beschriftet. Was in einem geschnitten wird,
soll von vorneherein beisammenliegen.

Nach der Arbeit mit den Beißern, Zwingen und
Winden, dem Wälzen, Schieben, Stoßen, Kollern
und Rollen tritt der Vater als Platz- und Sägemei-
ster mit einer Schublehre zu den Baumstämmen,
er mißt das dicke, dann das dünne Ende, kontrol-
liert mit einem Zollstab die Länge und schaut dann
in ein Buch. Aus ihm ersieht er die Festmeteranga-
ben. Nach dem Holzvolumen aber richtet sich
auch der Schnittlohn, der in Form der sogenannten Mauth genommen wird. Will ein Bauer nicht
mauthen, sondern zahlen, so bekommt er alles
Geschnittene zurück, auch die sogenannten Fehl-
läden und Schwartlinge, die Abfallbretter vom
Randholz mit den Rinderesten. Auch auf Sagscheiten gibt es einen Anspruch, auf den die meisten aber weiter keinen Wert legen.

Reflektierst du auf Sagscheiten?, fragt der Vater.

Die kannst du dir behalten, sagt der Bauer. Aus den Sagscheiten kannst du dir meinetwegen einen Bojazzer ausstopfen, sagt er. Manchmal holt ein Fleischhauer Sägespäne und Sagscheiten zum Selchen. Der Sägeknecht hat schon oft geflucht, wenn sie sich im Schacht unter der Säge ansammeln und er sie auseinanderräumen und herunterschaufeln mußte, damit sie sich nicht hochtürmen und bis in den Sägemechanismus zurückstauen. Beim Lohnschnitt gelten im übrigen dieselben geschäftlichen Grundsätze wie bei der Lohnmüllerei.

Nicht selten brachten die Bauern bei Gelegenheit, wenn sie an der Säge abgefertigt waren, die Pferde gleich zum Nachbarn, einem *geprüften Huf- und Wagenschmied,* wie über dem Tor stand, ließen sie neu beschlagen, wenn die Eisen locker geworden waren, oder auch nur die Stollen oder den sogenannten Griff schärfen. Das hieß *den Wassen richten. Waß* bedeutet in der Mundart scharf, schneidend. So bekamen die Pferde wieder griffige und für den Winterdienst geeignete Eisen. Oft stand ich in der Schmiede und sah aus sicherer Entfernung beim Beschlagen zu. Der Schmied war ein kleiner, sehr asthmatischer, nicht nur kurzatmiger, sondern auch recht ungeduldiger und jähzorniger Mann. Er war ein starker Raucher, der seine damals, kurz nach dem Krieg, aus allen denkbaren Unkräutern selbst verfertigten und gedrehten Zigaretten auch während der Arbeit nicht aus dem Mund nahm. Er bearbeitete mit Schneitmesser, Stemmeisen und Hammer die Hufe, dabei rauchte, hustete und fluchte er. Waren die Pferde besonders widerspenstig, dann zog er sich gern hinter die Schranke des Notstandes zurück und schimpfte auf die Bauern und seine Gesellen und die bocksätzigen und unbändigen Pferde heftig ein. Manchmal schlug er auch mit der Breitseite seines Beschlaghammers auf die Hinterbacke oder Flanken der Rösser, womit er den Aufruhr freilich noch beträchtlich vermehrte. Die Szene war eingehüllt in Rauch und Dampf vom Feuer her, wo im Wasserbad auch gehärtet wurde, und überall roch es durchdringend nach dem von den heiß aufgebrachten Eisen verbrannten Horn der Hufe. Der Schmiedemeister konnte seines Lungenleidens wegen nur noch leichtere Arbeiten bewältigen, beim Hufschmieden war er der Fachmann für schwierige Fälle von Hufkrankheiten und besondere Dienste bei Anomalien, die ans Veterinärmedizinische grenzten. Durch sein *Beuschel,* wie die Lunge im Volksmund heißt, war er zum Feinschmied geworden. Gröbere Schmiedearbeiten mußte er seinen Gesellen überlassen. Wurde etwa ein glühender Reifen auf ein Holzrad für einen Leiterwagen gezwängt und aufgezogen und das Rad mit einer Stange durch Nabe und Radhaufen von zwei Männern neben dem Blochplatz zum Bach geschoben und ins Wasser geworfen, so stand er, zusehend und Befehle erteilend, immer abseits.

Die Ortschaft Aichmühl, wo ich herstamme, hatte vier Häuser, darunter eine Mühle mit Sägewerk und Schwarzbäckerei, eine Schmiede und eine Krämerei. Sie war somit ein Zentrum, in das sich für die Bauern eine Fahrt schon auszahlte. Mein Elternhaus aber, die sogenannte *Aichmühle,* gab dieser gewerblichen Ansiedlung den Namen.

Mich selbst nannten die Leute mit dem Vulgo-
namen *Aichmüller Lois. Ai* ist im übrigen die alte
bairische Schreibung für *ei, Aichmühle* so viel wie
Eichmühle. Die mundartliche Aussprache von
Aichmühle lautet *Oehmüh.* Dieses *oe* aber für den
schriftsprachlichen Zwielaut *ei* ist in der altertümlichen Bauernmundart nur noch in einigen wenigen verkehrsfernen Wörtern und Ortsnamen erhalten und stehen geblieben, etwa in *soefan* für
seifern, »speicheln«, oder *goefan* für *geifern,*
»Unfug treiben«, oder eben *Oehmüh* für Aichmühl. Sonst ist in der Regel das alte, ursprünglich
allgemeine *oe* im Bairisch-Österreichischen dem
moderneren *oa* gewichen (*broat* für *breit* usw.).
Relikt- und Restwörter nannte ich später in der
Terminologie meines Doktorvaters Eberhard
Kranzmayer diese wenigen erratischen und ar-
chaischen Wörter mit dem alten *oe* in meiner
Wiener Dissertation über meine Heimatmundart.
Ich war schon als Kind stolz darauf, daß mein
Elternhaus einer Ortschaft den Namen gegeben
hatte, als Student aber war ich froh, daß mir die
Lautform unseres Hausnamens und Ortsnamens
so viel philologischen Stoff lieferte. Um so ent-
täuschter war ich, als ich in den fünfziger Jahren,
als alle Ortschaften an der Straße mit Ortstafeln
versehen wurden, erleben mußte, daß man sich
nicht mehr die Mühe machte, Aichmühl von der
größeren benachbarten und unmittelbar anschließenden Ortschaft Geisensheim zu unterscheiden.
So wurden wir auf dem kalten Wege angegliedert,
und es steht noch heute vor Aichmühl ein Schild
mit *Geisensheim* als Aufschrift auf der Vorder-
und *Ortsende von Geisensheim* auf der Rückseite.

In Aichmühl müssen einmal in einer weit zurückliegenden, fernen Vergangenheit, als die Baiern oder Bajuwaren das Land nahmen und den Urwald rodeten, den sie den Markomannen abgetrutzt hatten, viele Eichen gestanden sein, wie anders sollte man sich den Ortsnamen erklären. Noch als ich heranwuchs, gab es entlang des Baches und im umliegenden Gelände viele Eichen, *Eichelbäume,* wie sie in der Mundart heißen. Eines Tages aber fuhren Agenten eines Skifabrikanten aus Ried im Innkreis durch das Land und kauften Holz. Kurze Zeit später folgte den Einkäufern ein fliegendes Kommando von Holzknechten mit allerlei Kettensägen und anderem modernen mechanischen Gerät. Sie machten die schweren Eichen, die jahrhundertealten ehrwürdigen Bäume, mir nichts dir nichts nieder und zahlten den Bauern den vereinbarten Judaslohn. Ich bin über diesen Baumfrevel zu Tode erschrokken, als ich in den ersten Weihnachtsferien meines Studiums im Jahre 1957 nach Hause kam und die unsägliche Bescherung sah. So war nun nicht nur der Ortsname Aichmühl, sondern es waren auch die Eichen selbst verschwunden. Der Straßenmeister hatte ungefragt eine onomastische Flurbereinigung vorgenommen und uns bei Geisensheim angegliedert, der Rieder Skifabrikant aber hatte uns um die Eichelbäume gebracht.
Mich erfaßte über die Schandtat des Skifabrikanten und die freche Eigenmächtigkeit der Straßenmeisterei ein heiliger Zorn. Ich machte auch meinen Eltern bittere Vorwürfe, daß sie nicht genug Durchsetzungsvermögen und Überzeugungskraft der Behörde und auch den Nachbarn gegenüber

gehabt hätten, die Wahrzeichen der Ortschaft und ihren durch Alter geheiligten Namen gegen diese kulturlosen Barbaren und Geschäftemacher zu schützen und zu verteidigen. Und ich hielt der gesamten Familie bei einem Mittagessen einen langen Vortrag zum Thema »Baum und Eiche«. Ich hatte mich im Rahmen meiner eben begonnenen germanistischen Studien über die oberösterreichische Mundart mit den Ortsnamen meiner Heimatgemeinde befaßt und war gerade dem Namen und dem Kult der Eiche im Zusammenhang mit Aichmühl mit besonderer Neugier nachgegangen. Ich stand, was das Eichenthema betraf, voll im mundart- und altertumskundlichen Saft und wußte über diesen Gegenstand eine Menge und mehr, als man während eines hastig eingenommenen Mittagessens bei einem Bauern und Gewerbetreibenden anbringen konnte. Ich erzählte also, daß die Eiche allen indogermanischen Völkern, aber auch anderen Völkerschaften, wie den Japanern, seit Jahrtausenden heilig, ja sakrosankt gewesen sei. Auch dem griechischen Gott Zeus war in Dodona eine Eiche geweiht. Das sind alte heidnische Geschichten, sagte der Vater. Sicher sind das alte Geschichten, sagte ich, aber es gibt auch genug christliche Wallfahrtsorte, in deren Entstehungsgeschichte Eichen oder andere Bäume wie Eschen, Eiben und Linden und so weiter eine wichtige Rolle spielen, man denke etwa an Maria Eich. Im Jahre 451 wurden bei Chalkedon unter einer Eiche sogar eine Synode und ein Konzil abgehalten. Und ich sagte, daß ich dem Skifabrikanten für seine Untat die Schmerzen der Dryaden, der weiblichen griechischen Baumgeister (deren Name auf *drys* zurückgehe, was auf deutsch Eiche heiße), die die Verletzung des Baumes als eigene Wunde empfanden, auf den Leib wünschte. Und ich erzählte von der Eiche auf dem Kapitolshügel in Rom, auch der Donareiche bei Geismar in Hessen und der Rolle der Eiche im japanischen Schintoismus. Ich sprach von der Heiligkeit der Eiche und ihrem Tabucharakter, der im Glauben und in den Volkssagen so vieler Völker so ernst und wichtig genommen wird. Ich sagte, daß die Eiche als das Sinnbild der Kraft und Stärke, heldenhafter Standfestigkeit sowie des Sieges und Triumphes gilt. Die Vernichtung der Eichen und des Ortsnamens Aichmühl aber sei ein Mahnzeichen der Schwäche, saft- und kraftloser Nachgiebigkeit, und nicht des Sieges und Triumphes, sondern der traurigsten Niederlage und der armseligsten Kleinmütigkeit. Jetzt bist du aber still, sagte die Mutter, die mich ansah wie einen, der sich am Göttervater Odin selbst versündigt. Meinen Vater und meinen ältesten Bruder hatte ich auch vor allem im Auge, als ich sagte, daß man früher die Redewendung »ein Mann wie ein Baum« gekannt habe, und das Sprichwort anführte: »Von einem und vom ersten Streiche fällt niemals keine Eiche«. Ihr habt euch bei dieser Sache nicht gerade mit Ruhm und Lorbeer bekränzt, sagte ich. Und ich zitierte die Bibel, wo es im Zusammenhang mit Johannes dem Täufer heißt: Was zu sehen, seid ihr herausgekommen? Habt ihr gemeint, ein Schilfrohr zu finden, das sich im Winde wiegt? Dabei ließ ich offen, wie diese Anspielung im einzelnen zu verstehen sei, so blieb auch ungeklärt, ob ich mich nicht vielleicht selbst mit dem sozusagen knorrigen Johannes, der dem Schilfrohr in seiner Biegsamkeit und seinem Wankelmut so ganz unähnlich war, vergleichen wollte.

Mein Bruder Felix, der weder ein Baumnarr noch ein Germanist war, lachte hämisch über meine Eichelpredigt. So einen Unsinn, sagte er, habe er noch nicht gehört. Das Essen könne einem verleidet werden, wenn man diesen akademischen Blödsinn anhören müsse. Wenn du nach Ried im Innkreis fährst, sagte er zu mir, und dem Skifabrikanten Fischer diese Ansprache hältst oder wenn du nach Wels fährst und dem Straßenmeister diese Geschichte verzählst und wenn sie dich fragen, wer du bist, und wenn du sagst: Ich bin der Aichmüller Alois, dann werden der Herr Fischer oder der Herr Straßenmeister Schlager weiter nichts tun, als in Niedernhardt anrufen. Niedernhardt mach die schweren Eichentore auf, der Aichmüller Loisl kommt im Dauerlauf, werden der Herr Fischer und der Herr Schlager zum Anstaltsdirektor sagen.

So fand ich auch in der eigenen Familie kein Verständnis. Meine Eltern und Geschwister standen von Anfang an meinen eigenartigen Interessen, namentlich auch meiner ungewöhnlichen Naturschwärmerei skeptisch und ratlos gegenüber. Schon als Zehnjähriger hatte ich mir auf einer Eiche am Ufer des Innbachs ein Lager errichtet, ich hatte mit Brettern, Stangen und Stricken ungefähr zehn Meter über der Erde im unteren Teil der Krone, unter dem Wipfel, ein Podium im Baum vertaut. Auf dieser Plattform, die ich seitlich noch mit Zweigen versah und so zu einem heimeligen, durch die in der Sonne vertrocknenden Blätter mit einem betörend süßlichen Duft erfüllten Nest ausbaute, verbrachte ich meine freien Nachmittage im Sommer. Oft stieg ich auch abends noch, nach der Arbeit in der Landwirtschaft, in den Baum und sah, wie die Dämmerung in das Tal zog, ich hörte, wie der Lärm auf den Höfen und in den Ställen der umliegenden Bauernhäuser allmählich verstummte. Zuletzt lag ein unendlicher Friede über allem. Dieser Friede der Natur teilte sich mir in einer schon gefährlichen Weise mit, mir war zum Sterben abendlich.

Jenseits des Baches führte ein Weg vorbei, auf dem tagsüber dann und wann jemand, manchmal auch eine Gruppe von Leuten, oft mit Rechen oder einem anderen Werkzeug über den Schultern, zu einer Wiese oder aufs Feld gingen. Meist bemerkten mich die Leute gar nicht. Hin und wieder aber blieb auch jemand stehen und sah lachend und kopfschüttelnd zu mir herauf. Nein, so was, sagten sie im Weitergehen, sitzt doch der Aichmüller Loisl da am Baum oben. Oder es sagte einer zu mir herauf: Daß d' mir aber nicht herunterfallst.

Einmal blieb ich im Baum, als ein Unwetter einsetzte. Ich sah schon am späteren Nachmittag, daß sich im Osten dunkle Wolken zusammenzogen, es herrschte bald auch die vor schweren Unwettern gewöhnliche bleierne Ruhe. Unwetter, die wie dieses aus dem Osten, von der Eferdinger Seite, aufkamen, waren besonders gefürchtet. Kamen sie aus dem Wetterloch im Westen, dann konnte man im Gegenteil damit rechnen, daß sich die Anziehungskraft der Donau bald auswirkte und das Gewitter an- und aus unserem Raum hinwegzog.

Als besonders gefährlich galten Gewitter, die zur Donau hinunterzogen, sich im Donauraum aber nicht fangen und beruhigen konnten, sondern noch einmal zurückkehrten. Ich beobachtete diesmal die atmosphärischen Erscheinungen und Veränderungen mit der größten Aufmerksamkeit. Es kam ein Wind auf, es begann leicht zu regnen und schließlich gab es Blitz und Donner. Ich saß, wohl von Furcht ergriffen, aber doch fasziniert und wie angewurzelt, auf meinem Baum. Als ich zuletzt hinunterkletterte und zum Haus lief, war ich gründlich durchnäßt. Man war dort bereits in Sorge um mich. Wie kannst du nur bei einem solchen Gewitter auf dem Baum bleiben, sagte die Mutter. Eichen sollst du weichen, Buchen sollst du suchen, sagte mein ältester Bruder. Man müßte ihm diesen Spruch einbläuen, meinte er. So gab es nach dem Ungewitter im Freien noch ein Donnerwetter im Haus. Ich aber fühlte mich wieder einmal unverstanden und ungerecht behandelt, zog mich in mein Bett zurück und dachte, während draußen vor dem Fenster ein wolkenbruchartiger Regen niederging, an den nächsten Tag, wenn ich wieder aus all diesen Niederungen in meine Himmelsloge hinaufsteigen, träumen, ins Land hinausschauen und mich meiner Sehnsucht hingeben würde.

Nachdem die meisten Eichen um Aichmühl verschwunden waren, pflanzte Bruder Felix auf unserem Grund neue Setzlinge. Die meisten Bauern taten nichts dergleichen, ließen auch die Stöcke und Strünke ihrer Eichen, wie sie waren, im Boden stecken, kümmerten sich nicht weiter darum, sondern warteten nur, bis das abgeschnittene Holz verfaulen und zerfallen und zu Erde werden würde.

Früher war jeder Stock aus der Erde gearbeitet worden. Das Reuten war neben dem Schlägern eine der hauptsächlichsten Winterarbeiten. Die sogenannten *Blößen,* das sind die gerodeten Plätze im Wald, waren übersät von mehr oder weniger sorgfältig zugeschütteten Trichtern, wie sie die entfernten Stöcke hinterließen. Beim Reuten legte man den Stock so weit wie möglich frei, immer bis zur Verzweigung der Hauptwurzeln, bohrte mit einem Handbohrer den Kernstock etwas über einen halben Meter an, gab Schwarzpulver und eine Zündschnur in diese Öffnung, verstopfte mit Lehm und steckte dann mit dem Sturmfeuerzeug oder mühsamer mit einem sogenannten *Schnellfeuer,* das heißt Zündholz, die Zündschnur an. Dann brachte man sich in Sicherheit. Reihum und rundum hörte man an klaren Wintertagen das Knallen und Wummern vom Stocksprengen, mit Widerhall und Echo, talein- und talauswärts. Da diese Arbeit schwer und nicht ungefährlich war und da außerdem das Klieben von hartem Stockholz mühselig ist und ein Geduldspiel darstellt, verzichteten die Bauern später auf dieses Stock- und Wurzelholz.

Mein Bruder pflanzte keine Eichen mehr, sondern Kanadapappeln. Diese sogenannten Kanadapappeln gelten als die schnellwüchsigsten Bäume überhaupt. An den Bach gesetzt, die Wurzeln sozusagen im Wasser, konnte man sie regelrecht wachsen sehen, sie verlängerten sich jährlich um eineinhalb bis zwei Meter. Natürlich kann man das Holz dieses flotten amerikanischen Baumes nicht mit jenem der deutschen Eiche vergleichen. Was willst du mit diesem Holz, fragte der Säge- meister den Bruder, als die erste Kanadapappel umgeschnitten werden mußte und in die Säge gebracht wurde. Schneiden, sagte er, kann man dieses Holz nicht. Dieses Holz ist wie ein Schwamm, sagte er, dieses wässerige und aufge- schwemmte Zeug sollte man nicht sägen, sondern durch die Brechmühle lassen und als Schrot an die Kühe verfüttern. Ein solches unverholztes Mate- rial sollte man nicht schneiden, meinte er, sondern verkrümeln und wie die Melasse den Schweinen in den Trog werfen.

Daß die Waldarbeit an sich schwer und gefährlich war, dafür konnte auch unser Vater als ein Beispiel dienen. Vater war im Herbst des Jahres 1944 als 48jähriger zum Volkssturm eingezogen worden, der nach dem Willen seiner Erfinder, gemäß dem Erlaß vom 25. September 1944, alle waffenfähigen Männer zwischen 16 und 60 Jahren zur Verstär- kung der Wehrkraft bei der örtlichen Verteidigung und zu Bau- und Sicherungsmaßnahmen erfaßte, und er wurde im Sinne seiner Vorbildung und seiner bürgerlichen und zivilen Profession bei Wald- und Schlägerungsarbeiten im Pfälzischen Wald in der Nähe der Stadt Pirmasens verwendet. Er war als kleiner Gewerbetreibender gewohnt, fleißig zu arbeiten, und folgte diesem seinem Prin- zip auch diesmal, obwohl viele seiner Kameraden in richtiger Einschätzung der wahren Situation eher laschierten. So überhob sich Vater in seinem Tatendrang an einem Baumstamm und zog sich einen schweren Bruch zu. Dieser sogenannte *Leibschaden*, den er sich nie mehr richten ließ,

weil er davon ausging, daß sich eine umständliche
Operation, wie sie dazu notwendig gewesen wäre,
für einen annähernd 50jährigen doch nicht mehr
auszahle, verhinderte jedenfalls seinen weiteren
Einsatz für das Großdeutsche Reich. Da schickten
die reichsdeutschen Vorgesetzten den Ostmärker
mit dem Hodenbruch wieder in die Ostmark und
in seine Heimat Oberdonau zurück. Bald danach
kam der allgemeine Zusammenbruch. So traurig
die ganze Familie war, daß Vater durch seinen
sinnlosen Eifer kurz vor dem Ende noch einen so
schlimmen Schaden genommen hatte, so froh
waren wir, daß er im Februar des Jahres 1945 eben
aus diesem Grund aus dem Reich zurückkam. Wir
hatten 1944 die traurigsten Weihnachten erlebt,
nicht einmal einen Christbaum hatte Mutter auf-
gestellt. Täglich beteten wir abends den Rosenkranz für die glückliche Heimkehr des Vaters.
Meine Erinnerung reicht bis in das Jahr 1943 zurück. 1944 wurde ich eingeschult, noch nicht ganz
sechsjährig, begann ich im September dieses Jahres mit der Schule. Oft aber gab es Fliegeralarm,
und es zeigte sich, daß ich wohl den Lernanforde-
rungen, nicht aber der Belastung der vielen Alar-
mierungen gewachsen war. Sobald die Sirene zum
Voralarm zu heulen anfing, hatte ich regelmäßig
auch schon die Hose voll, im buchstäblichen Sinn,
das entwickelte sich zum bedingten Reflex. Ich
war damit gar nicht der einzige. Bald wurde der
Schulbetrieb überhaupt ausgesetzt.
In meinem Zeugnis, einem alten Formular mit
dem Adler über dem Eichenkranz und dem Ha-
kenkreuz auf dem Umschlag, steht auf Seite 3
unter dem Punkt 3 *Bemerkungen: Infolge der*

*Kriegsereignisse entfiel der Unterricht vom 11.3.
bis 16.9.1945; eine Beurteilung war daher für das
2. Halbj. 1944/45 nicht möglich. Die Klassenlehre-
rin: Vera Ploberger, Pichl am 17.9.1945.*

Überall aber herrschte das Bewußtsein, daß wir
nach dem bereits Erlittenen allerschwersten Zeiten
entgegengingen, und es gab die bedrohlichsten
Gerüchte, daß eine harte Bestrafung für etwas,
wovon man als Kind nichts verstand, und eine
unvorstellbare Heimsuchung über uns hereinbre-
chen werde. Es wurde erzählt, daß viele auf den
Feldern und Wiesen und auch in der Stadt Back-
pulversäckchen gefunden hatten, die aus den
Flugzeugen der Alliierten geworfen worden
waren. Auf diesen Päckchen aber stand: *Frauen,
backt Kuchen, zu Weihnachten kommen wir euch
besuchen.* So erlebten wir in diesem Jahr einen
ganz besonderen Advent, die Stille der Weihnachtszeit aber war diejenige der Requien und
Totenämter. Am Fastweihnachtstag des Jahres
1944 erlitt die nahe Stadt Wels den angemeldeten
»Besuch«. Ich erinnere mich aus der folgenden
Zeit an eine Sterbeanzeige, auf der die Photogra-
phien der Mitglieder der großen Familie eines
Welser Wirtes zu sehen waren, die alle an diesem
Heiligen Abend in ihrem zerbombten Keller
umgekommen waren. So entfiel in diesem ersten
Jahr meiner Weihnachtserinnerungen nicht nur
der Christbaum, sondern das Fest selbst.

Große und kostbare Christbäume waren damals
an sich und auch später nicht der Brauch. Wir
hatten meistens kleine und kümmerliche Fichten,
die sehr bunt und mit allerlei, von einem an-
spruchsvollen Geschmacksstandpunkt aus gese-

hen, auch unpassenden Schmuckstücken, Ziergegenständen und Flitter behängt waren. Statt des krönenden Sternes befestigten wir am Wipfel Vaters Assentierungsgebinde, das er nach der Musterung zum Ersten Weltkrieg bekommen hatte. Auf einer Schleife stand: *Mich haben sie behalten.* Der Baum wirkte oft mehr wie ein Vorwand, wie der unsichtbare Träger des vielen Schmuckes.

Die Weihnachtsbäume holten im Falle der ärmeren und nicht mit Holzgrund gesegneten Familien die Kinder aus dem Wald irgendeines Bauern. Das war auch die Lage, in der wir uns befanden. Es gab da kein langes Fragen und Erlaubnisbitten, doch galt das Entnehmen dieser Fichtenbäumchen nicht als Walddiebstahl, schon gar nicht als Waldfrevel, juristisch allenfalls dem Mundraub gleichzusetzen. Wir handelten nach der natürlichen Regel, daß vor allem nur sogenannte Untersteher, die im Wuchs dürftig waren und keine stattlichen Bäume zu werden versprachen, als vorübergehende Christbäume gerade recht seien. Das Christbaumholen war so wie ein schonendes Durchforsten. Rechtlich gesehen war es auch soviel wie ein Servitut, wie es auch andere Servitute am Wald gab. Verschiedenen Familien war mancherorts das Recht verbrieft, sich zum eigenen Nutzbrauch im Gemeindewald mit Brennholz für den Ofen zu versorgen. Aber auch an Privatbesitz gab es solche geschriebenen oder ungeschriebenen Rechte, wenn man deshalb auch keineswegs von einem urchristlichen Kommunismus sprechen konnte. Das Ährenlesen gehörte zu diesen Rechten. Waren die Getreidefelder abgeerntet, aber noch nicht geackert (*Halmreißen*), gingen Erwachsene und Kinder unbegüterter Familien über die Felder hin und sammelten büschelweise liegengebliebene Halme mit Ähren. Auch das Laubsammeln war als Servitut auf kleineren Häusern. Das Vieh der reichen Bauern wälzte sich in einem Überfluß an Stroh, die Kühe, Geißen und Schafe der Kleinhäusler lagen auf einer Streu, die mit Laub versetzt und gestreckt war. Ich sehe noch den riesigen Haufen getrockneten Laubes bei der Mikl-Eiche, dem meinem Elternhaus zunächst stehenden Eichelbaum, den der alte Schlehmer dort immer zusammenheute, lebhaft vor mir. Manchmal sind wir in diesen Haufen hineingehüpft, haben uns darin gewälzt, vergraben und suchen lassen. Und ich höre noch den alten Schlehmer schimpfen, wenn er das Laub mit dem sogenannten Radlbock und einem Korb holen kam und seinen exakten Haufen ausgebreitet und zerstört fand.

Was die Christbäume betraf, hatten wir uns manchmal schon im Sommer oder Herbst einen *ausgeschaut,* wenn wir Himbeer- oder Brombeer-*brocken* (pflücken) gingen und am Rande der *Blöße,* der von allerlei wilden Sträuchern und hohem, seegrasähnlichem Gestrüpp überwucherten Lichtung, etwas Geeignetes entdeckten. Auch das Beerenlesen selbst, wie auch das Pilzesammeln *(Schwammerlbrocken),* beruhte auf einer allgemeinen Erlaubnis und der Rechtsvorstellung vom offenen und jedermann zugänglichen Wald. Die Offenheit des Waldes brachte es nicht nur mit sich, daß vieles aus dem Wald geholt, sondern auch, daß einiges in den Wald gebracht und getragen wurde, hauptsächlich Unrat und Müll. Diese

Ablagerungen in verschiedenen Mulden machten den Wald aber für uns Kinder nur noch anziehender, weil wir unter dem Gerümpel immer auch versehentlich weggeworfene Schätze vermuteten. Als Schatz und schätzenswert erschienen uns damals aber bereits der schön gezeichnete und bemalte Deckel einer Küchendose oder eine glänzende Nagelbüchse. Auch irgendwelches Bakelit- und Plastikzeug, alte Steckdosen, Schalter und so weiter, gefielen uns und waren uns wert, sie aufzuheben und aufzuheben. Ich bin mir sicher, daß uns damals auch Christbäume aus Kunststoff, wie es sie heute gibt, gefallen hätten ... Das Leben war so natürlich, hart und »echt«, daß einem alles Künstliche als die große Ausnahme und als artifizielle Sensation naheging. So war in unserer Nachbarschaft ein vielbewunderter einfallsreicher Bastler, der statt der Wachskerzen am Christbaum elektrische Glühbirnen, nämlich Birnchen aus Taschenlampen, anbrachte. Auch den Stall von Bethlehem mit der Krippe beleuchtete er elektrisch, was uns einen großen Eindruck machte. Den Strom nahm er aus Taschenlampenbatterien, und er zeigte uns auch, wie sich das Licht der Birnchen veränderte, je nachdem ob er die Batterien parallel oder in Serie schaltete. Stilechte »Bauernchristbäume« gab es damals bei den Bauern nicht, man findet sie in ihrer bemühten Schlichtheit und Stilreinheit wohl auch heute eher in der Stadt als auf dem Land.

Fragen des Brauchtums, der Alltags- und Feiertagskulturkunde beschäftigten mich seit Beginn meines Studiums im Jahr 1957. Ähnlich wie das Thema der Ortsnamen studierte ich, unbekümmert um die lehrplanmäßigen Notwendigkeiten des eigentlichen Faches, Literatur über die Geschichte des Weihnachtsfestes, des Jul- und Mittwinternachtsfestes der heidnischen Germanen. Ich saß tagelang vom Morgen bis zum Abend, unterbrochen nur durch Mahlzeiten in der Mensa, im Lesesaal der Universitätsbibliothek zwischen Stapeln einschlägiger Bücher und las und studierte die Geschichte vom weihnachtlichen Lichtgott Balder, dem sanften und freundlichen Asen, Wotans Sohn, der durch den Verrat des häßlichen Loki mit einem Mistelzweig, den der blinde Hodr warf, getötet wurde, so wie es im Lied heißt: »Ich sah über Baldr, den blutenden Gott, den Sohn Odins, das Schicksal verhängen. Ein Mistelzweig, stark und schön, wuchs hoch über dem Felde. Von diesem Baume kam der gefahrvolle Schmerzenspfeil. Hodr schoß ihn. Aber Frigg, des Baldr Mutter, weinte über das Weh von Walhall.« Ich begann auf eigene Faust Material zu sammeln über »Balders Braue« (Balders brā), jene Blume mit der gelben Blütenscheibe, die die Botaniker Hundskamille (oculus solis) nennen und die Snorri Sturluson in der Edda vielleicht im Auge hatte, als er schrieb: »Von Baldr ist Gutes zu sagen, er ist der beste und ihn loben alle; er ist so schön von Antlitz und strahlend, daß es leuchtet von ihm, und eine Blume ist so weiß, daß sie gleicht Balders Braue, die ist aller Blumen weißeste, und danach kannst du ermessen seine Schönheit an Haar und Leib. Er ist der Weißeste der Asen und der am schönsten Redende und Gütigste. Er wohnt dort, wo es heißt Breidablik, das ist im Himmel, an der Stätte darf nichts Unreines weilen.«

Einmal unterbrach ich meine Lektüre, räumte die Bücher und Papiere zusammen und ging aus der Universität zum Rathausplatz hinüber. Die Zeitungen hatten angekündigt, daß zur bestimmten Zeit eine große Tanne, die das Land Oberösterreich der Stadt Wien zum Zeichen der Verbundenheit gestiftet hatte, dort eintreffen würde. Reihum stellten sich die Bundesländer jährlich mit einem Weihnachtsbaum ein. So wurde damals ein riesiger Baum aus dem Mühlviertel nach Wien verfrachtet. Mit dem dicken Ende voran wurde die mächtige Tanne als Schwertransport über die Autobahn nach Osten gelotst. Schließlich mußte sie wegen ihrer Länge regelrecht in die Stadt eingefädelt werden. Ich stand als Oberösterreicher in der Wiener Menge, hörte den Applaus, als der Konvoi in den Platz einbog, und machte mir meine Gedanken über Identifikation und Sozialisation ... Tags darauf las ich, wieder an meinem Arbeitsplatz in der Bibliothek, in einer Zeitung, daß es beim anschließenden Aufrichten des Baumes fast zu einem verhängnisvollen Zwischenfall gekommen wäre, der Baum hätte beinahe einige Arbeiter des Wiener Magistrates erschlagen. Da mußte ich an den teilweise noch vorhandenen bedauerlichen Wienhaß in den Bundesländern denken und an den Priester Laokoon, der – so schreibt Vergil in seiner Aeneis – angesichts des Trojanischen Pferdes gesagt haben soll: Quidquid id est, timeo Danaos et dona ferentes. Was es auch sei, ich fürchte die Oberösterreicher, selbst wenn sie Christbäume bringen ...

Ich vertiefte mich nicht nur in die alten Berichte, angefangen von der »Germania« des Tacitus bis zu den Werken des Saxo Grammaticus, des Jordanes und anderer, und in die wunderbaren Lieder, Gesänge und Erzählungen der Götter- und Heldenmythen, ich befaßte mich auch mit den verschiedenen Wiederbelebungsversuchen und Renaissancen des germanischen Heidentums, namentlich jener in der Zeit des Nationalsozialismus, vor allem auch mit jenen neuheidnischen Versuchen, das christliche Weihnachtsfest nachträglich wieder zu germanisieren oder zu säkularisieren, es wieder zu dem zu machen, was es nach dem Mißverständnis der deutschen Germanenideologen mit ihrer »Sehnsucht nach dem Norden« einmal gewesen sein soll.

Und ich lese, heute, 1979, wie damals, 1957, betroffen und nachdenklich das Kapitel »Kriegsweihnacht« in Georg Stammlers Buch »Was uns stark macht« (Verlag Westermann, Braunschweig–Berlin–Hamburg 1940), wo es heißt: »Heute treten wir vor den Lichterbaum, der uns das Sinnbild der ewigen und gewissen Wiederkehr der Sonne und des Lebens ist. Wir knüpfen an eine uralte Überlieferung unserer Vorfahren an, wenn wir um die Zeit der kürzesten Tage zu einer Lichtfeier in der geschlossenen Halle eines Hauses zusammentreten. So wie der Tag des sommerlichen Hochstandes der Sonne durch Freudenfeuer auf den Bergen begangen wird, so zieht sich diese winterliche Feier in das Innere des Hauses zurück. Das lichte und warme Wesen flüchtet sich vor dem Andrängen der Finsternis und den Schneestürmen, die draußen toben, in den engsten heimatlichen Raum. Der Neuanbruch des Lichtes wurde von je als eine Geburt empfunden: die Geburt des

Lichtkindes in der Winternacht. Darinnen liegt ein froher und lichter Lebensglaube; Nacht ist nicht Tod, Winter ist nicht Erlöschen, sondern Sammlung und Empfängnis. Wo das innere Licht, von den ewigen Mächten gezeugt, in uns ausdauert, wird es auch wieder nach außen hin seine Kraft gewinnen – wenn auch Kälte und Finsternis bisweilen alles zu vernichten scheinen.

Wir stehen heute im Krieg. Krieg aber ist Völkerwinter. Die harten und kalten Mächte der Zerstörung herrschen und kehren die Waffen wie spitze Eisnadeln gegeneinander. Frostluft, Unfruchtbarkeit des Schneegrabens; Finsternis, für die die Verdunklung unserer Städte nur ein Sinnbild ist. Bereiten auch diese Winterstürme einen neuen Aufstieg des Lichtes vor? Will auch hier ein Kind geboren werden? Und was für einen Namen sollen wir ihm geben? Eine neue Menschheit, ein junges Völkerwesen, ein ewiges Friedensreich, ein neuer Schaffensgedanke?«

Sprachlos geworden suche ich eine Antwort auf Stammlers Fragen und finde sie beim Evangelisten Lukas, 23,29 ff: »Weint über euch und eure Kinder! Denn siehe, es werden Tage kommen, da man sagen wird: Selig die Unfruchtbaren, deren Schoß nicht geboren hat und deren Brust nicht genährt hat. Dann wird man den Bergen zurufen: Fallet über uns! und den Hügeln: Bedecket uns! Denn wenn man das am grünen Holz tut, was wird da am dürren geschehen?«

Weihnachten 800

Auf der Wiedergabe eines historischen Gemäldes im Abbildungsteil des Lateinbuches, nach dem wir am Kollegium Petrinum, der bischöflichen Schule mit Internat in Linz an der Donau, studierten, sah man Kaiser Karl den Großen bei der Inspektion einer seiner Domschulen. Meiner Erinnerung nach stand der Kaiser in einer Schar von Schülern, in Haltung und Gebärde ganz wie es seinem Beinamen entspricht. Mir hat dieses Bild große Achtung eingeflößt. Zugleich aber gab es mir sehr zu denken, da ich schon in der Volksschule gelernt hatte, daß Karl der Große weder lesen noch schreiben konnte. Natürlich ist ein Analphabet als Schulinspektor etwas Befremdliches. Grundsätzlich aber hat dieses Analphabetentum dem Ansehen des Kaisers in meinen kindlichen Augen keinen Abbruch getan, da er ja statt der Schulweisheit viele andere Fähigkeiten besaß. So sei er, hieß es, ein guter Reiter gewesen. Als Reiter wieder war er auf einer Wiedergabe der berühmten Statuette aus dem Louvre im Geschichtsbuch dargestellt. Er war also eher ein Praktiker als ein Theoretiker. Karl der Große blieb so oder so für mich der Kaiser und die Autorität schlechthin. Bedachte man es recht, so erhöhte und verstärkte sein Analphabetentum seine Bedeutung und Größe noch. Karl war gewissermaßen ein Autodidakt, der sich selbst alles beigebracht hatte. Schreiben und Lesen vielleicht ausgenommen. Wie groß aber, dachte ich, muß einer sein, der zwar nicht Lesen und Schreiben, dafür aber das gewaltige Frankenreich ohne Studium und Vorbildung beherrscht. Ich mußte auch an meinen Vater denken, der es mit einer einklassigen Volksschule bis zum Müller- und Bäckermeister gebracht hatte. Hält ein unstudierter Herrscher wie Karl Reden, dann kann er sie nicht wie unser Bürgermeister vom Blatt ablesen.

Am Kollegium Petrinum wurde meine Vorstellung von Karl aber korrigiert. Wer hat dir denn das gesagt, fragte mich der Geschichtsprofessor. Karl der Große soll nicht lesen und schreiben gekonnt haben? Wer so etwas behauptet, sagte der Professor, könne vielleicht selbst nicht lesen, jedenfalls nicht die lateinischen Schriften, in denen uns von Karl berichtet wird. Man brauche nur in der *Vita Karoli Magni* des Abtes Einhard nachlesen, sagte der Professor, dann sehe man, daß Karl im Gegenteil umfassend gebildet gewesen sei. Der Professor sagte aber, daß er schon wisse, woher und wie der Irrtum des Analphabetentums in die Lehrbücher gelangt sei, er beruhe nämlich auf einem Mißverständnis der genannten Lebensbeschreibung des Einhard. Und der Professor zitierte uns auch jene Stelle vom Ende des Kapitels 25 der Vita, wo es heißt: »Er erlernte die Kunst zu rechnen und erforschte mit emsigem Fleiß und großer Wißbegierde den Lauf der Gestirne. Auch zu schreiben versuchte er und pflegte deswegen Tafel und Büchlein im Bett unter dem Kopfkissen mit sich herumzuführen, um in müßigen Stunden seine Hand an die Gestaltung von Buchstaben zu gewöhnen. Indes brachte er es hierin mit seinen Bemühungen nicht weit, da er es zu spät angefangen hatte.«

Hieraus gehe denn hervor, sagte der Professor, daß Karl kein Schönschreiber gewesen sei, daß er der sogenannten *Ars scribendi,* die man auch Kalligraphie nenne, nicht mächtig gewesen sei, aber deshalb noch lange lesen und schreiben in unserem primitiven Sinne gekonnt habe. Zum Zeichnen und künstlerischen Ausfertigen von Edikten und Urkunden habe der große Kaiser schließlich eine ganze Schar von Artisten, Kanzlisten und Kopisten beschäftigt. Und unterschrieben habe Karl der Große seinen umfassenden Schriftverkehr mit den abend- und morgenländischen Geistesgrößen sicher nicht mit drei Kreuzchen. Man müsse es also recht verstehen, wenn ein Abt wie Einhard, ein Schrift- und Schreibgelehrter ersten Ranges und Abt der Abtei Fontenelle bei Rouen mit einer berühmten Schreibstube, von einem sage, daß er sich mit dem Schreiben schwer tue. In seinem Sinne wären wir alle die schlimmsten Barbaren und Ignoranten. Ich solle also das, was ich da in der Volksschule gelernt habe, schnell wieder vergessen, es sei blanker Unsinn. Es sei auch ganz unvorstellbar, daß der Heilige Vater einen Dummrian zum Freund gehabt hätte. Die Päpste hätten Karl gerade wegen seiner Bildung, seiner Weisheit und Güte sehr geachtet und geliebt. Einem Analphabeten hätte der Heilige Vater sicher nicht den Ehrentitel »Patricius Romanorum« gegeben und die Schutzherrschaft über die ewige und heilige Stadt Rom und die katholische Christenheit überantwortet.

Die Ausdrücke *Patricius* und *Patron* im Sinne von Schirmherr waren mir von Kindheit an geläufig. Es fiel mir auch sonst nicht schwer, die Karlsgeschichte und die mittelalterliche Geschichte insgesamt auf meine Gegenwart zu beziehen. Ja, noch heute muß ich als Lehrer oft an mich halten und mich gegen eine gewisse Sucht des Aktualisierens wehren. Zu schnell kommt mir vieles bekannt vor. Tausend Jahre sind mir oft wie ein Tag.

Was den *Patricius* betraf, so habe ich von Bauern gehört, die als die *Patrone* unserer Kirchen, der Pfarrkirche und zweier Filialkirchen, bezeichnet wurden. Besuchten wir an den entsprechenden Namenstagen die Kirchen, dann feierten wir das *Patrozinium,* wir feierten die *Patrozinien* der Heiligen Martin, Jakob und Valentin.

Die Kirchen hatten aber neben ihrem Schutzpatron im Himmel auch einen irdischen Schirmherrn. Meist war der Patron ein der Kirche zunächst wohnender Bauer, der sich um die Erhaltung des Gotteshauses Verdienste erwarb. Den Kirchenpatronen gehörten in der Kirche die besten Plätze, der Patron und seine Familie saßen dem Altar am nächsten. Daneben gab es eine Fülle kleinerer Kapellen und Bildstöcke, für die ebenfalls einzelne Häuser, auf deren Grund und Boden sie standen, zuständig waren.

Auch an meinem Elternhaus befand sich unter dem Dach an einer Ecke eine kleine Nische mit einer Marienstatue und einem Fenster davor, die wir ein wenig übertrieben als *Kapelle* bezeichneten. Täglich wurde das *Kapellenlicht* eingeschaltet. Während meiner Wiener Studienjahre ging ich einige Male nachts vom Bahnhof in Bad Schallerbach nach Hause. Es hat mich dabei immer recht heimatlich berührt, wenn ich von weitem das Kapellenlicht brennen sah, dieses elektrische

Zeichen des Christentums und der Frömmigkeit
meiner Eltern. Auch die anderen Leute hatten sich
an das Kapellenlicht beim Müller gewöhnt. Es
konnte sein, daß spät abends ein Nachbar zu uns
ins Haus trat und meldete, daß unser Kapellenlicht
nicht brenne, wenn wir aufzudrehen vergessen
hatten oder wenn die Birne durchgebrannt war.
Mein Vater hat das Kapellenlicht auch nach 1938
aufgedreht. Nur gegen Ende des Krieges, in der
finstersten und dunkelsten und düstersten Zeit, als
Verdunklung geboten war, schaltete er es aus.
Einmal war davon die Rede, daß einer der Patrone
die neben seinem Haus liegende Filialkirche, insbesondere die Sakristei und die Beichtkammer, als
Lager und Speicher für Getreidesäcke mißbraucht
und entweiht habe. Der Pfarrer sei außerhalb der
üblichen Zeit und lange vor dem Patroziniumsfest
bei der Filialkirche aufgetaucht und habe dabei
den Mißbrauch des Gotteshauses entdeckt. Er
wollte nach dem Rechten sehen und sah das Unrechte. Sie sind mir ein schöner Patron, soll der
Pfarrer zum Bauern gesagt haben. Der Herr habe
gesagt: Mein Haus ist ein Haus des Gebetes. Der
Patron aber habe es zu einem Troadkasten gemacht. Es sei eine Schande, sagte der Pfarrer, er
habe ihn im guten Glauben zum Schirm- und
Schutzherrn bestellt, müsse aber jetzt einsehen,
daß er den Bock zum Patron gemacht habe. Der
Patron aber, hieß es, habe alle möglichen Ausre-
den vorgebracht, daß er aus einer augenblicklichen
Not und Verlegenheit heraus, einer Raumnot
wegen vorübergehend so gehandelt habe. Er
meinte auch, daß die paar Säcke Gerste und Wei-
zen in der Beichtkapelle sicher keine Gottesläste-

rung seien, schließlich sei im Feldfrüchtegebet immer wieder vom Getreide und den Früchten des Feldes als etwas Geheiligtem und von Gott Kommendem die Rede. Und am Erntedankfest werde die Erntekrone zum Altar getragen. Der Pfarrer aber habe erwidert, daß es sich bei der Erntekrone um ein schönes Symbol handle, daß die Einlagerung von Getreide in der Filialkirche aber wohl nicht symbolisch gemeint gewesen, sondern in materialistischer Erwerbs- und Gewinnabsicht geschehen sei und daß er überhaupt nichts mehr hören wolle, weil er ganz und gar enttäuscht sei. Der Pfarrer habe nicht mit sich reden lassen, er habe nicht nur auf der sofortigen Räumung der Kirche, sondern auch auf der Herausgabe der Schlüssel, der äußeren Zeichen der Patronanz, bestanden. Der Pfarrer nahm die Schlüssel an sich, um sie später einem anderen anzuvertrauen. Ich stellte mir diese Schlüsselübergabe sehr feierlich und sehr biblisch vor. Der Bauer, dachte ich mir, wird vor dem Pfarrer wie vor einem Lehensherrn gekniet sein, und der Pfarrer wird zu ihm sagen: Du bist der Valentinbauer, dir will ich die Schlüssel der Valentinskirche geben. Ich stellte mir diese Szene ähnlich vor wie die biblisch verbürgte und am Petrinum in einem großen Mosaik dargestellte zwischen Christus und Petrus. Über dem Haupteingang des Petrinums und unter dem genannten Mosaik standen in riesigen Lettern die Worte: TU ES PETRUS ET SUPER HANC PETRAM AEDIFICABO ECCLESIAM MEAM. ET TIBI DABO CLAVES REGNI CAELORUM ...

Karl der Große hat, im Gegensatz zum Patron

unserer Filialkirche, als Patron von St. Peter seinen geistlichen Herrn, den Heiligen Vater, nie enttäuscht. Er hat sich im Gegenteil als ein wahrer *rex justus* und *pacificus* bewährt. Als der Papst einmal in großer Bedrängnis war und seinen Schutzherrn in Paderborn aufsuchte – in einer zeitgenössischen Quelle steht: *propter terrorem* –, zog Karl unverzüglich nach Süden und stellte die gottgewollte Ordnung energisch wieder her. Zwischen Papst und Kaiser, lernten wir, herrschte eine große Freigebigkeit, so habe Karl der Große dem Papst gegenüber die sogenannte Pippinsche Schenkung erneuert und von sich aus noch etwas dazugelegt. *Fränkisch* wurde in meinem Sprachbewußtsein zu einem Synonym für freigebig und großzügig, ein *Franke* ist das Gegenteil von einem *Schotten*. Aber auch der Papst habe sich nicht lumpen lassen. Nach so vielen Beweisen der Güte und Hilfsbereitschaft von seiten Karls kam es schließlich zu jenem denkwürdigen Weihnachtsgeschenk des Papstes an den Frankenkönig am Heiligen Weihnachtstag des Jahres 800 nach Christi Geburt, über das heute so viel herumgerätselt und auch unter den Historikern so heftig gestritten wird. Meines Wissens und meiner Erinnerung an den Geschichtsunterricht nach spielte sich zu Weihnachten 800 folgendes ab: Der Heilige Vater, Papst Leo III., zelebrierte im Petersdom die Mette, die sogenannte Missa Matutina, auch Missa in nocte, das Engelamt, die Erste Messe mit der Stationskirche Sankt Marien bei der Krippe. Er unterbrach aber nach dem Graduale, dem ergreifenden Psalm 109 König Davids: DEIN IST DIE HERRLICHKEIT AM TAGE DEINER KRAFT:

UMSTRAHLT VON HEILIGKEIT HAB ICH AUS
MEINEM SCHOSSE DICH GEZEUGT NOCH VOR
DEM MORGENSTERN. DER HERR SPRACH ZU
MEINEM HERRN: SETZE DICH ZU MEINER RECH-
TEN, BIS ICH DIE FEINDE DIR ZUM SCHEMEL
HINGELEGT FÜR DEINEN FUSS, für alle unerwar-
tet den Gottesdienst, drehte sich vom Altar weg
und ging schreitend auf den in Andacht versunke-
nen Frankenkönig zu, der erst aufblickte, als der
Papst bereits unmittelbar vor ihm stand. Darauf
hat der Papst den Frankenkönig, der kaum wußte,
wie ihm geschah, und wie in einem wundersamen
Traum befangen schien, gesalbt, gesegnet und
gekrönt. Und er nannte ihn bei seinem neuen
Namen: SERENISSIMUS AUGUSTUS A DEO
CORONATUS MAGNUS PACIFICUS IMPERATOR
ROMANORUM GUBERNANS IMPERIUM QUI ET
PER MISERICORDIAM DEI REX FRANCORUM ET
LANGOBARDORUM. Die Franken, das heißt die
Ostfranken, Alemannen, Baiern, Sachsen und
Schwaben aber, die Karl nach Rom begleitet hat-
ten, huldigten ihrem Kaiser auf deutsch (lingua
theodisca) und sprachen: KARL DEM AUGUSTUS
DEM VON GOTT GEKRÖNTEN GROSSEN UND
FRIEDENSCHAFFENDEN KAISER DER FRANKEN
UND RÖMER LEBEN UND SIEG! Die romanischen
Westfranken huldigten ihrem Charlemagne auf
französisch. Daraufhin wurde dem Kaiser von
allen die byzantinische Proskynesis, der Kniefall,
erwiesen, nur der Papst hatte ein eigenes Ritual,
aber auch er brachte auf Karl eine Adoration und
einen Gruß aus. Nachdem dies geschehen war,
wurde der Gottesdienst mit einem *Gloria in excelsis Deo* von Priestern und Laien fortgesetzt, wie

seither kein jubelnderes und fröhlicheres in der weiten römischen Kirche angestimmt worden ist: GLORIA IN EXCELSIS DEO ET IN TERRA PAX HOMINIBUS BONAE VOLUNTATIS LAUDAMUS TE BENEDICIMUS TE ADORAMUS TE GLORIFICAMUS TE GRATIAS AGIMUS TIBI PROPTER MAGNAM GLORIAM TUAM DOMINE REX CAELESTIS DEUS PATER OMNIPOTENS DOMINE FILI UNIGENITE JESU CHRISTE DOMINE DEUS AGNUS DEI FILIUS PATRIS QUI TOLLIS PECCATA MUNDI MISERERE NOBIS QUI TOLLIS PECCATA MUNDI SUSCIPE DEPRECATIONEM NOSTRAM QUI SEDES AD DEXTERAM PATRIS MISERERE NOBIS QUONIAM TU SOLUS SANCTUS TU SOLUS DOMINUS TU SOLUS ALTISSIMUS JESU CHRISTE CUM SANCTO SPIRITU IN GLORIA DEI PATRIS AMEN AMEN AMEN.

Das *Gloria* war ursprünglich an sich ein Weihnachtslied und wurde in Rom auch nur zu Weihnachten gesungen, schreibt Anselm Schott im »Römischen Meßbuch«, das ich nach einem entsprechenden Hinweis des Präfekten zu meinen ersten Weihnachten als Petriner von meinen Eltern als Geschenk erhielt. Und das Gloria, gregorianisch gesungen, ist nicht nur religiös, sondern auch künstlerisch ein anspruchvolleres Weihnachtslied als viele unserer heute gebräuchlichen Weihnachtslieder. Weit haben wir es musikalisch nicht gebracht. O Tannenbaum, wie dürr sind unsere Lieder!

Die lateinische Liturgie, lernte ich während meines Geschichtsstudiums in Wien, wie sie im römischen Meßbuch des Anselm Schott und ähnlichen Meßbüchern neu vorliegt, verdankt ihre allgemeine, das heißt katholische Verbreitung zum nicht geringen Teil Karl dem Großen und seinen bedeutenden Theologen Alkuin, Theodulf von Orleans und Einhard. »Er ließ es sich sehr angelegen sein, daß alle gottesdienstlichen Verrichtungen mit möglichst großer Würde begangen würden«, heißt es im 26. Kapitel der Vita Karls von Einhard. So wie Karl der Große die Benediktinerregel als Grundlage des Lebens der Mönche des Abendlandes durchgesetzt hat, so hat er auch der stadtrömischen Liturgie in Europa zum Durchbruch verholfen.

Was das Leben Karls des Großen und seine Kaiserkrönung zu Weihnachten des Jahres 800 betraf, so mußte ich bei meinen Wiener Geschichtsstudien noch ein weiteres Mal umlernen. So wurden mir am Gymnasium mein Volksschulkarl und an der Universität mein Gymnasiumskarl zerstört. Vieles von dem, was sich mir vordem so großartig und eindrucksvoll dargestellt hatte, wurde von meinem Professor in Wien als nüchterne und kalte Machtpolitik hingestellt. Karl soll ein grausamer und harter Mann gewesen sein, der bedenkenlos mit vielen Kebsweibern Kinder zeugte, die er später, wenn sie ihm unbequem wurden, scheren und in Klöster stecken oder überhaupt töten habe lassen. Vor allem dominierte unter den Wiener Historikern die bairische Partei, die Karl sein rücksichtsloses Vorgehen gegen unseren Herzog Tassilo, den Gründer von Kremsmünster, sehr übel nahm. So wurde ich durch viele und die widersprüchlichsten Lehrmeinungen sehr irritiert und wußte bald nicht mehr, was ich von Karl eigentlich halten sollte. In der Bibliothek des histo-

94

rischen Institutes standen aber viele Bücher, in denen Karls Errichtung der Ostmark als eine große historische Tat auch wieder gerühmt und der Oberösterreicher Adolf Hitler als der neue und wahre Karl, als der eigentliche Augustus, das heißt Mehrer des Reichs, sein Vollender und sein Verteidiger gegen Awaren und Slawen gefeiert und gepriesen wurde. Andererseits hatte gerade aber auch diese Richtung an Karl einiges auszusetzen, sie monierte vor allem seinen Transmontanismus und seine Romhörigkeit. Stellenweise wurde Karl in dieser Literatur als Papist und Petriner verschrien. Dieser Zug wurde als die romanische und französische Komponente seines Charakters bedauert. Bedauert wurde namentlich auch sein Vorgehen gegen die germanische Religion. Sehr übel nahm man ihm die Christianisierung der Sachsen, im besonderen seinen Feldzug vom Jahre 772, bei welchem er nach der Einnahme von Eresburg die sogenannte Irminsul, die heilige Weltsäule der heidnischen Sachsen, die das Himmelgewölbe trägt, zerstören ließ. Das wurde als Kulturschande und Vandalismus gebrandmarkt und als eine Untat hingestellt, ähnlich der des heiligen Bonifatius, der die Donareiche fällte und aus ihrem Holz eine Marienkapelle zimmern ließ.

Unter den Gegnern Karls gab es auch Legitimisten, die die Karolinger insgesamt als Usurpatoren der rechtens den Merowingern zustehenden Macht betrachteten und die Vorfahren Karls als Emporkömmlinge und ehrgeizige illoyale und königsuntreue Streber hinstellten, die als Hausmeier die eigentlichen Hausherren verdrängten.

Das Wort *Hausmeier* war mir seit der Volksschule geläufig. Der Lehrer sagte damals, wir hätten uns unter Hausmeier so etwas Ähnliches vorzustellen wie den Gutsverwalter des Schloßherrn oder den Baumann des Herrn Pfarrers. Auch an die Pächter von Bauernhöfen könne man denken. Das Wort *Meier* aber sei dasselbe wie unser *Maier* oder *Mair*, das ja als Name sehr häufig ist. In jeder Ortschaft gab es einen Mair, im Schreibnamen oder vulgo, Obermaier und Niedermaier, den Mair zu Pfaffendorf, den Mair zu Achleiten, den Mair in Baumgarten, den Mair zu Oberndorf und so weiter. Die Baumänner und Verwalter standen aber beim Volk in keinem besonders guten Ruf. Von daher konnte ich das Aburteil der Historiker über Pippin den Älteren, den Hausmeier von Austrien, und seine Nachfolger, insbesondere Pippin den Jüngeren, dessen Namen *Pippinus Minor* man als *Pippin der Kleine* oder *Pippin der Kurze* falsch ins Deutsche übersetzte, schon ein wenig verstehen. Auch in der Bibel ist schließlich vom ungetreuen Verwalter die Rede, auch vom getreuen übrigens, aber das Negative merkt sich der Mensch bekanntlich leichter als das Positive. Oft war davon die Rede, daß der Baumann dem Pfarrer, der zugleich sein leiblicher Bruder war, während des Tausendjährigen Reiches das Leben schwer gemacht habe. Der Baumann war angeblich ein Anhänger der neuen Lehre des Nationalsozialismus, während der Pfarrer sozusagen schon berufsmäßig und aus Überzeugung am Christentum festgehalten habe. Der Baumann habe sich, hieß es, dem Pfarrer gegenüber sehr unverwandtschaftlich und unfreundlich benommen. So habe er seinen hochwürdigen Bruder vor allem öfters vor den Leuten dadurch gedemütigt, daß er ihn besonders respektlos angepöbelt habe. Er habe etwa ins Haus hineingeschrien: Pfaff, kim aua, hob ma d'Ros! (Pfaffe, komm heraus, halte mir die Pferde.) Neben Respektlosigkeiten habe es aber auch bedeutendere Bosheiten gegebene, es seien sogar Denunziationen vorgefallen. Mein Vater zitierte in diesem Zusammenhang oft die Bibel: Ein Haus, das in sich uneins ist, zerfällt. Ein Hausmeier, der nicht zum Herrn hält, kann viel Unheil anrichten. Die Wichtigkeit des Meiers war mir auch vom Eisstockschießen her geläufig. Der Moar war der Tonangebende einer Moarschaft, das heißt Mannschaft, er sagte, wie geschossen werden mußte. Waren die Mannschaften zahlenmäßig ungleich, dann hatte der Moar der schwächeren Mannschaft einen zweiten Schuß. Natürlich hatte der Moar mehr zu gewinnen, aber auch mehr zu verlieren als irgendeiner sonst in der Moarschaft.

Ein eindrucksvolles Meierhoferlebnis hatte ich am Petrinum. Neben dem mächtigen Schul- und Internatsgebäude steht am Fuße des Pöstlingberges der sogenannte Meierhof, der das geistliche Haus mit den nötigen Lebensmitteln versorgt. In diesem Meierhof stand eine Jugendfreundin meiner Mutter, die mit ihr zusammen unmittelbar nach dem Ersten Weltkrieg die Haushaltungsschule in Bergheim besucht hatte, der Küche vor. So ging ich einmal mit meiner Mutter anläßlich eines ihrer Besuche in diesen großen vierkantigen Meierhof hinüber. Wir saßen am großen Stubentisch, und es gab Tee und Most zu trinken, ganz wie es bei den Bauern üblich ist. Meine Mutter unterhielt sich mit ihrer Freundin über die gemeinsame Vergangenheit und ihr späteres Schicksal. Ich aber sah aus den Fenstern dieser Bauernstube, die mich, auch wenn sie wesentlich größer und stilvoller war, doch sehr an die Stube daheim erinnerte, über die Straße zum hoch aufragenden Petrinum hinüber, aus dem Bäuerlichen gewissermaßen ins Römische, und ich spürte etwas von der Verschwisterung dieser beiden Welten, die die oberösterreichische Kirche fast vollständig bestimmte. Der maior domus des Meierhofs des Petrinums war ein gütiger, älterer Geistlicher, ein gebürtiger Bauernsohn, der sozusagen aus dem Christentum wieder mehr zum Bauerntum zurückgekehrt und von der Seel- zur Leibsorge konvertiert war und bei aller Frömmigkeit von seiner Weihe außer Messelesen keinen ferneren Gebrauch mehr machte.

Nicht nur im Bereich der Auslegung der Geschichte waren die Universitätsprofessoren ständig am Korrigieren und Umschreiben, sondern auch bei den Fakten selbst tat sich manches. So hieß es plötzlich, daß die Kaiserkrönung nicht das Weihnachtsgeschenk Papst Leos III. an Karl war, sondern daß sich der stolze Karl die Krone selbst aufs Haupt gesetzt und durch diese Eigenmächtigkeit den Heiligen Vater sehr brüskiert habe. Er habe damit zeigen wollen, wer der eigentliche Herr auf der Welt sei, nicht der Papst nämlich und auch nicht der Basileus, der oströmische Kaiser, sondern er, allein er, der Franke Karl. So schossen die Spekulationen gegen die Aussage der Quellen mächtig ins Unkraut. Die Quellen und alten Schriften, namentlich die Biographie Karls von Einhard wurde gänzlich abgewertet und als Hagiographie und Legende hingestellt. Einhard habe, hieß es in einem Seminar, eine stilistische Kunstübung fern der Realität veranstaltet, sein Werk sei eine Aneinanderreihung von Gemeinplätzen, sogenannten Topoi, wie sie in der antiken Vitenliteratur, namentlich beim Römer Gaius Suetonius Tranquillus in den Büchern »De vita Caesarum« und »De viris illustribus«, vorkommen. Wo es den Herren Professoren paßte, stimmten sie Einhard zwischendurch auch wieder zu und zitierten ihn als Zeugen. So wurde namentlich jene Stelle als überlegenswert angeführt, wo Einhard über die Reaktion des Kaisers auf die päpstliche Weihnachtsaktion das Folgende schreibt: »Er kam also nach Rom und verweilte daselbst den ganzen Winter, um die Kirche aus der überaus großen Zerrüttung, in die sie verfallen war, zu befreien. Damals war es, daß er den Namen Kaiser und Augustus empfing, der ihm anfangs so zuwider war, daß er versicherte, er würde an jenem Tage, obgleich es ein hohes Fest war, die Kirche nicht betreten haben, wenn er des Papstes Absicht hätte vorherwissen können.« Hier, sagten die Historiker, verberge sich ein wahrer Kern, die Unzufriedenheit Karls entspreche den Tatsachen, nicht aber stimmten die edlen Motive und die von Einhard behauptete Bescheidenheit des Kaisers. Karl sei vielmehr verstimmt gewesen, weil er durch die Überrumpelung in der Haupt- und Staatsaktion des Heiligen Vaters als dessen Lehensempfänger erscheinen mußte. Einhard ist, auf einen einfachen Nenner gebracht, unseren heutigen Geschichtswissenschaftlern ein unglaubwürdiger Idealist. Er läßt Karl aus Demut und Bescheidenheit sowohl als auch aus Überlegungen der Staatsräson im Hinblick auf den Neid und die Eifersucht des byzantinischen Kaisers die Voreiligkeit des Papstes bedauern. Die heutigen Historiker denken schlechter von Karl und Leo. Es gibt aber ein Sprichwort, daß der Schelm so ist, wie er denkt.

Nach all dem Gelehrtenstreit um Karls Bart habe ich mich für meine Person, als meiner Mutter Kind, als römischer Katholik und Petriner, immer wieder gern dem geschmähten und von den Lehrkanzelinhabern abgekanzelten Einhard und seinem Leben Karls zugewandt und mich bei seiner Lektüre innerlich-seelisch, moralisch und ästhetisch erfrischt und erfreut. Ich glaube nicht den Historikern, wenn sie behaupten, Karl sei geizig und kleinmütig gewesen, ich glaube und traue vielmehr dem treuen Einhard, wenn er im 27. Kapitel über seinen Freund schreibt: »In der Pflege der Armen und ihrer Unterstützung durch Almosen bewies er viel frommen Eifer, und das nicht bloß in seinem Land und Reich, sondern auch weit übers Meer pflegte er Geld zu schicken nach Syrien, Ägypten und Afrika, nach Jerusalem, Alexandria und Karthago, wenn er hörte, daß Christen daselbst in Dürftigkeit leben, und sprang ihnen so in ihrer Not bei.« Und zum Thema Rom und Petrus bemerkt Einhard: »Vor allen anderen heiligen Stätten ehrte er die Kirche des heiligen Apostels Petrus in Rom, deren Schatz er mit viel Gold, Silber und Edelsteinen bereicherte. Den Päpsten machte er viele und reiche Geschenke, und nichts lag ihm während seiner ganzen Regierung so sehr am Herzen, als daß die Stadt Rom durch seinen

Eifer und Beistand wieder zu ihrem alten Ansehen gelange und die Kirche des heiligen Petrus dadurch nicht allein in sicherem Schirm und Schutz, sondern auch vor allen anderen Kirchen reich und mächtig sei. So hoch er sie aber auch ehrte, so kam er während der siebenundvierzig Jahre seiner Regierung doch nur viermal nach Rom, um daselbst seine Andacht zu verrichten.«

Viermal zu Pferd von Aachen nach Rom, mein Einhard, das ist doch nicht wenig, noch dazu, wo Karl, wie du im 30. Kapitel schreibst, an einer Krankheit litt, »welche die Griechen Pleuresis nennen«, worunter wir wohl die »Pleuritis« zu verstehen haben, unsere Rippenfellentzündung. Neben den »Seitenschmerzen« wird der Pleuritiker von Reizhusten, zunehmender Atemnot und Druck- und Beklemmungsgefühlen in der Brust heimgesucht. Mit einem solchen Leiden war es für Karl in seinen späten Lebensjahren natürlich nicht einfach, über die Alpen zu kommen.

Ich weiß nämlich, wie sich der Weg nach Rom ziehen kann. Als Sechzehnjähriger bin ich 1954 zusammen mit einem Schulfreund mit dem Fahrrad nach Rom gefahren, um daselbst meine Andacht zu verrichten. Wir wollten bei dieser Gelegenheit einen Welser Theologiestudenten im Priesterseminar, im sogenannten Collegium Germanicum et Hungaricum besuchen, in der Hoffnung, dort nach zwei Wochen anstrengender Fahrt auch ein gutes christliches Quartier zu finden. Wir hatten aber die Rechnung ohne den Wirt gemacht, wir trafen keinen Wirt an, die Germaniker waren eben in die Ferien und in ihr Sommerquartier San Pastore gefahren. So hatte auch das Empfehlungsschreiben, das ich mir vor der Abenteuerreise von unserem Pfarrer erbat, keine Wirkung: *Alois Brandstetter, studiosus, e parochia Pichl bei Wels a parocho optime recommendatur. Ferdinand Hochedlinger, parochus.* Ein denkwürdiges Herbergsuchen im heißen italienischen Sommer: Zwei sehr erschöpfte, durch die elendslange Fahrt und das Schlafen in einem primitiven Pfadfinderzelt ohne Boden stark angegriffene Gymnasiasten, standen wir vor dem Portierhäuschen des Germanischen Kollegs in der Via San Nicolò da Tolentino und redeten auf einen ziemlich verständnislosen Torhüter ein. Immer wieder erzählten wir unsere Geschichte und nannten den Namen des Welser Germanikers, der dem Herrn Pförtner doch bekannt sein müßte. Ich schob das Empfehlungsschreiben durch den Schlitz in der Scheibe der Pförtnerloge. Der Portier trat aus seiner Kabine, bat uns um unseren Stadtplan, zeigte mit einem Kugelschreiber auf einen ziemlich peripheren Punkt und sagte: *Hier Villa Gloria, hier sein Platz für solches Pilger.* Ich war anfangs beruhigt, weil mir das Wort *Villa* sehr verheißungsvoll in den Ohren klang. Leider zeigte sich später, daß mit *Villa* kein einzelnes Haus, sondern ein Stadtteil gemeint war, mit *Villa Gloria* aber jener Stadtteil, in dem sich der riesige Zeltplatz Roms befand, ein ungeheures Heerlager von Zelten und Wohnwagen und unzähligen Touristen. Das also war der Platz für solches Pilger, Gloria in excelsis Deo. Sehr enttäuscht, daß im Germanicum kein Platz für uns war, schlugen wir in Gloria nach Entrichtung der Gebühr unser altes desolates Militär- und Pfadfinderzelt auf. Auf dem Boden zwischen den sporadischen Pinien sah man keinen Grashalm mehr, es war, als wären die Hunnen darübergeritten, hier war verbrannte Erde … Gerhard, mein Reisebegleiter, und ich wirkten in unserer Aufmachung und mit unserem Notzelt in der Umgebung dieser bunten und ausgeklügelten Campingkultur und zwischen den nach der neuesten Freizeit- und Touringmode gekleideten Menschen wie zwei zigeunerisch abgerissene Landfahrer, vielleicht auch wie zwei aus der Völkerwanderungszeit übriggebliebene Noriker.

Wie unähnlich war doch dieser Campus dem bei vielen lateinischen Autoren erwähnten Campus Martius, dem Mars- oder Märzfeld, wo die alten Römer Wahlschlachten und wirkliche Schlachten geschlagen, aber auch, hingelagert ins Gras, gefeiert und ein antikes Dulce facere nihil zelebriert haben, jenem später teilweise verbauten Märzfeld zwischen dem Tiberbogen und der Via Flaminia, wo auch Karl der Große seine Mannen im Schatten des Pantheon lagern ließ und wo er nach dem Weihnachtsfest von der stadtrömischen Bevölkerung akklamiert wurde: MÄCHTIGER KAISER DES NORDENS, RETTER DES HEILIGEN ROM, MAJOR DES HAUSES GOTTES.

Turmblasen

Zwanzig Minuten vor Beginn der Mitternachts-
mette stiegen fünf junge Burschen der Blaskapelle
auf den Kirchturm und spielten weihnachtliche
Musik. Die Menschen hörten sie von weitem,
wenn sie aus allen Richtungen auf die Kirche zu-
gingen, oder standen schon am Friedhof und *lo-
sten,* andächtig und ergriffen. Sehen konnte man
die Musikanten nicht, man wußte sie hinter den
aus akustischen Gründen aufgestellten Spatzen-
und Taubengittern der Glockenkammer unter der
Turmuhr.
Den Abschluß und die Krönung der weihnachtlichen Lieder und Weisen des Turmblasens bildete
regelmäßig das »Stille Nacht, heilige Nacht«. In
einem alten Buch las ich einmal den Satz: »Niemand ist so verrückt, daß er mit Musik nicht eine
Weile bei Verstand gehalten werden könnte.«
Keiner aber, meinte ich als Kind, könne so hart
und verstockt sein, daß er beim Anhören dieses
herzinnigen Liedes vom Christkind von Johannes
Mohr und Franz Gruber nicht windelweich
würde.
Immer freilich war von einigen wenigen Leuten
die Rede, die sich zu Weihnachten nicht weih-
nachtlich benahmen, sondern am Heiligen Abend
Schnaps tranken oder Karten spielten. Das Kartenspielen galt in dieser Nacht als das Verworfen-
ste überhaupt, und es wurde erzählt, daß einmal
eine ganze Partie vom Spieltisch weg vom Teufel
geholt worden war. Diese Verkommenen waren
im wesentlichen wohl dieselben, die sich über das

Läuten der Glocken beschwerten. Selbst das Turmblasen war manchen ein Dorn im Ohr. Dadurch werde den Kranken der so notwendige Schlaf geraubt. Als wäre im Gegenteil nicht eine solche Musik ein Beitrag zur Genesung. Ein der Kunst und der Religion gleicherweise Unzugänglicher fragte ärgerlich, was denn das ganze *Gebläse* mitten in der Nacht am hohen Turm droben solle. Es heiße *Stille* Nacht und dann veranstalte man einen höllischen Lärm.

Solchen Unfrommen war kirchlich kaum beizukommen, auch nicht mit sogenannten Volksmissionen, wie es sie alle zehn Jahre gab. Diese Volksmissionen dauerten eine ganze Woche und waren angefüllt mit Predigten und Andachten. Sie waren als seelsorgerische Intensivkurse und gerade auch zur Bekehrung der Neuheiden gedacht. Dazu hatte der Herr Pfarrer zur Aushilfe immer besonders couragierte Kapuziner aufgeboten, die sich durch eine volksnahe, einerseits unüblich humorige, andererseits aber heftige und scharfe Rede auszeichneten. Diese Patres waren meistens rechte Donnersöhne, die kräftig dreinfuhren. Sie beherrschten eine gewisse Theatralik, die manchmal die Schmierenkomödie nicht nur streifte. Doch das fiel mir damals nicht weiter auf. Wir bewunderten alle die Redegabe dieser geistlichen Herrn und staunten mit offenem Mund, was sie im wahrsten Sinne des Wortes auf der Kanzel *aufführten,* rhetorisch und akrobatisch.

An einen Volksmissionar der Volksmission des Jahres 1948 erinnere ich mich genauer. Es handelte sich um einen älteren Herrn, der ein steifes Holzbein hatte. Auch sonst glich er ein wenig einem verwitterten und verwegenen, sozusagen rauhbeinigen Freibeuter und Piraten. Er machte beim Predigen Anspielungen auf sein Gebrechen und benützte sein Holzbein für theologische Ausflüge. So erhöhte sein bedauernswerter Zustand die Glaubwürdigkeit seiner Rede. Natürlich war es für den Gehbehinderten außergewöhnlich schwer, die lange, schmale Treppe in unsere Schwalbennestkanzel hochzuklettern. Den Ärger aber über die Unzugänglichkeit und Unzulänglichkeit des Predigtstuhles legte er, den man schon unterwegs aus der überdachten Stiege heraus poltern und murren und schimpfen hörte, in die folgende Predigt. Wir büßten für die Ungeschicklichkeit des Kirchentischlers Gregor Dörschel aus Aistersheim aus dem 18. Jahrhundert (Spätfolgen).

Neben dem Schimpfen und Drohen beherrschten diese damals wie die mittelalterlichen fahrenden Kleriker, *clerici vagi,* von Pfarrei zu Pfarrei und von Volksmission zu Volksmission ziehenden Patres auch die hohe Kunst der Rührung. Sie konnten die ganze Gemeinde, selbst die hartgesottenen Männer auf der Empore und die Dickköpfigsten von der letzten Bank, im Gemüt ergreifen. Viele Zuhörer und nicht nur solche von der Frauenseite mußten sich plötzlich schneuzen. So wurde man in diesen geistlichen Ansprachen wohl oft geschreckt und entsetzt, aber auch wieder getröstet, ja liebkost. Man spricht heute gern von ekklesiogenen Neurosen, von Krankheiten also, die die Kirche erzeugt und verantwortet. Ich bin aber der festen Überzeugung, daß ihr therapeutischer Nutzen, um nicht das an sich zuständige

Wort *Segen* zu verwenden, den möglichen Schaden weit übersteigt. Mit dem Heiland ist gut seelsorgen.

Auch Bildung wurde einem von den Volksmissionaren beigebracht. Lange vor aller Lektüre hörte ich in Predigten die Namen Nietzsche und Voltaire.

Von Voltaire hieß es, er habe sich in seinem gottlosen Übermut mit einem Priester des Herrn einen üblen Scherz erlaubt. So habe er sich gesund zu Bett gegeben, aber den Todkranken gespielt, und obwohl er nie keinen Sonntag und kein Weihnachten und kein Ostern gekannt und gehalten hätte, nach einem Priester rufen lassen. Er habe heuchlerisch nach den Sterbesakramenten verlangt. Nachdem sie ihm der Priester gereicht und sich zum Gehen angeschickt hätte, sei der ekelhafte Spötter und Frevler aus dem Bett gesprungen und habe sich in Schmähreden über Gott und die Kirche lustig gemacht. Sein Ende aber sei entsetzlich und höllisch ausgefallen.

Desgleichen und in ähnlichem Sinne war von dem deutschen Philosophen Friedrich Nietzsche die Rede. Nietzsche, sagte der Pater, solle den törichten und hirnrissigen Satz geprägt haben: »Gott ist tot, und wir haben ihn getötet.« Gott aber lasse seiner nicht spotten. Und so habe Gott den Vermessenen mit dem dunkelsten Wahnsinn heimgesucht und geschlagen. Gott habe Nietzsches satanischen Haß und Hochmut mit der geistigen Umnachtung beantwortet und bestraft.

So erfuhr man einiges aus der Geistesgeschichte, alles freilich ein wenig für den Hausgebrauch, für den Gotteshausgebrauch der Prediger zurechtge macht und eher geistlich als geistig ambitioniert. Viel später hat sich mir aber während meines Wiener Studiums die Unheimlichkeit Nietzsches in anderer Weise bestätigt, als ich gerade Freunde, die sich große Arbeiten und Dissertationen über ihn vorgenommen hatten, vor der Zeit *(praecox, wie die lateinische Medizin sagt)* unglücklich werden und ihrem Vorbild und Lehrmeister in die Krankheit folgen sah, ohne daß ich damals noch der mittelalterlichen Ansicht gewesen wäre, daß der Gott sie geschlagen und gezeichnet habe.

Ein erbauliches Lieblingsthema der Volksmissionare war natürlich Weihnachten selbst. Breit und ausführlich gingen sie auf die Hart- und Engherzigkeit der Gastwirte in Bethlehem ein, liebevoll behandelten sie die Lieblosigkeit der Gastronomen, die Not Josefs und Marias und schließlich des Kindes in der Krippe. Das Flüchtlingselend und die Wohnungsnot waren uns nach dem Krieg als Themen sehr nahe und vertraut, und so mußte sich der Prediger beim Auslegen und Vergegenwärtigen der Schrift weiter kaum anstrengen. Wels war umgeben von Barackenlagern, und überall im Land gab es Herbergs- und Wohnungssuchende. Man spürte, daß da nicht von der hinteren Türkei, auch nicht bloß vom Nahen Osten die Rede war. Überall war Bethlehem und Jerusalem.

Manchmal war einer der Prediger selbst bereits als Pilger im Heiligen Land gewesen und konnte aus eigener Anschauung und aus der Erinnerung als Morgenlandfahrer die Stadt Bethlehem im judäischen Bergland anschaulich beschreiben. Er verglich sie uns von der Größe her mit Grieskirchen und skizzierte auch ihre wechselvolle Geschichte, in deren Verlauf sie 1229 nach einem Kreuzzug Friedrichs II. zum letzten Mal in der Hand von Christenmenschen gewesen sei, seither aber unter aijubidischer, mameluckischer, osmanischer, palästinensischer und jordanischer Oberhoheit und Herrschaft stehe. Und man beschrieb uns die ärmliche Landwirtschaft in Judäa und wie wir nicht in den Fehler verfallen dürften, von unseren agrarischen Verhältnissen auf die dortigen zu schließen. Und der Pater vermittelte uns eine Vorstellung von der 326 durch Kaiser Konstantin I. erbauten und 540 durch Justinian erneuerten und ausgestalteten Geburtskirche. Er sagte, daß viele Türme in den Städten des Heiligen Landes leider keine christlichen Kirchtürme, sondern muselmanische Minarette seien, von denen herab der sogenannte Muezzin oder Gebetsrufer fünfmal täglich durch den Gebetsruf die Gebetszeit ankündigt, was man vielleicht mit unserem Turmblasen zu Weihnachten vergleichen könne. So wie die Türmer im Abendland, seien aber nun auch die Muezzins des Morgenlandes am Verschwinden, weil die Technik Einzug gehalten habe und die Automatik mit Schallplatten und Tonbändern überall im Vormarsch sei. Bevor die Predigt endgültig in einen Reisebericht ausartete, unterbrach er aber seine geographische und ethnographische Exkursion und wurde theologisch und wesentlich: *Und wäre Christus tausendmal in Bethlehem geboren, aber nicht in dir, so wärest du doch ganz verloren.*

Die Sache mit den Türmen interessierte mich sehr. Ich fragte darum auch den Vater, was man sich unter einem solchen mohammedanischen Minarett, oder wie es der Pater in seiner Predigt genannt hatte, vorzustellen habe. Vater zuckte aber mit den Achseln, er war sein Lebtag lang nicht weiter als bis Südtirol hinunter und in die Pfalz im Norden gereist. Minarette waren ihm dabei seines Wissens nicht untergekommen. Er meinte nur, daß auf diesen Türmen wohl kein Kreuz stecken dürfte.

Oft habe ich als Ministrant selbst wie die Turmbläser den Turm bestiegen. Nicht schwindelfrei und an sich ängstlich, hat mich die Aussicht auf die ungewohnte Aussicht aus dem Fenster des Glokkenhauses doch mächtig angezogen und gelockt. Wie sah die Welt von hier oben doch verändert aus! Ich suchte bekannte Stellen und erblickte unsere kleine Mühle, die sich am unteren Innbach unter Bäumen und Ufergesträuch fast versteckte. Im umgebenden Friedhof machte ich *unser* Grab aus und orientierte mich anhand dieses Fixpunktes.

Ich wußte auch eine Menge über Türme, Zahlenangaben über die Höhe der Kirchtürme von Pichl, Kematen und anderen Ortschaften. Ich war stolz darauf, daß unser Pichler Kirchturm mit 57 Metern alle übrigen aus der Nachbarschaft überragte. Ich hielt wie meine Umgebung solche Kenntnisse, was die Länge, Breite und Höhe von Bauwerken betrifft, für die an eben diesen Bauten entscheidenden. Der ist gescheit, hieß es bewundernd von einem, der solche Angaben machen konnte, ein solcher Informierter galt als Architekturfachmann. Von ihm konnte man etwas lernen. Einen hohen Respekt hatte ich auch vor dem hohen Turm der Stadtpfarrkirche in Eferding. Wir standen einmal davor, blickten hinauf, und Vater sagte: Da steht der Starhemberg dahinter. Ein solcher Herr kann natürlich hoch hinaus bauen, da kann eine arme Landpfarrei natürlich nicht mithalten. Eine gewisse Verachtung aber hatten wir für die Wiener, die seinerzeit dem Bischof Rudigier unserer Linzer Diözese nicht erlaubt, ja streng verboten hatten, den Turm des Maria-Empfängnis-Domes über die Höhe des Südturmes von St. Stephan hinauszubauen. Der Imperialismus, der sich in dieser Verweigerung ausdrückte, verbitterte uns. Die Oberösterreicher hatten es den Wienern gezeigt, aber man hatte sie nicht lassen. Der Kardinal in Wien aber soll Linz damals mit Babel verglichen haben. Er versprach seinen Prälaten, er wolle dafür sorgen, daß der Linzer Turm nicht in den Himmel wächst.

Nach dem Krieg war die hohe Zeit des Turmkreuzsteckens und der Glockenweihen. In den beiden Weltkriegen waren viele Kirchenglocken und Turmkreuze entfernt und eingeschmolzen worden. Um Material für die Munition zu bekommen, griff man auf diese bronzene Reserve zurück. In der Bibel steht, daß die Schwerter zur Pflugschar werden. Damals war es umgekehrt, nur daß die Rüstungsindustrie mit Pflugscharen nichts angefangen hätte. Aus Glocken aber wurden Kanonen. Und was früher angeschlagen und friedlich geläutet hatte, hat später unheimlich gepfiffen und tödlich eingeschlagen.

Einzig und allein das Zinnglöcklein, das hoch über der großen Glockenkammer im tabernakelartigen Aufsatz über dem Helm des Turmes unter dem Kreuz hing und als Totenglocke diente, hatte man uns gelassen. Diese Bimmel mit ihrem jämmerlichen und gottserbärmlichen Klang wurde damals auch viel gebraucht. Ständig mußte sie geläutet werden, und es war ein dauerndes Fragen: Für wen haben sie denn heute das Sterbeglöckel geläutet? Und man sagte oder hörte betroffen die Namen von jungen Burschen und Männern, die gefallen waren und deren Tod nun endgültig gemeldet und bestätigt worden war. Ich höre noch heute die Mütter und Frauen der Gefallenen oder Verstorbenen, wie sie die ganze Zeit des Gottesdienstes schluchzten. Die Menschen in der Kirche waren eine große Trauer*gemeinschaft*. Der Pfarrer zitierte den Klagepsalm: *In Rama wird Klage laut, viel Weinen und Wehgeschrei; Rachel weint um ihre Kinder und will sich nicht trösten lassen, weil sie nicht mehr sind.*

Als Pichl nach dem Zweiten Weltkrieg aus der Glockengießerei Sankt Florian neue Glocken bekam, war Vater überzeugt, daß es auch mit diesen Glocken nicht lange gehen würde. Er hatte nun innerhalb von nur drei Jahrzehnten zweimal erleben müssen, daß uns die Glocken weggenommen wurden, und war so der festen Überzeugung, daß auch diese Garnitur nicht den ewigen Frieden einläuten würde. Es gab andere und noch schlimmere Pessimisten unter den älteren Leuten, die überhaupt gleich sagten, es zahle sich gar nicht aus, daß sich die Menschen mit dem Hinaufziehen der Glocken so abplagten und anstrengten, der dritte Weltkrieg werde nämlich doch nicht lange auf sich warten lassen.

In St. Florian wurde später übrigens auch die Pummerin gegossen, die das Land Oberösterreich der Stadt Wien für den wiederaufgebauten Stephansdom zum Geschenk machte. Ich fand diese Großzügigkeit eigentlich ein wenig übertrieben, wo uns doch die Wiener bekanntlich am Bauen unseres Linzer Domes behindert hatten. Zufällig war ich auch bei der Ankunft der Pummerin in Wien zugegen, kann also bezeugen, daß sie ankam.

An einem schönen Sonntag im Mai des Jahres 1947 gingen wir mit dem Vater nach dem 8 Kilometer entfernten Schönau bei Bad Schallerbach, um am Turmkreuzstecken und dem anschließenden Fest teilzunehmen. Kurz nach dem Mittagessen, das an Sonntagen auf dem Land immer schon sehr früh eingenommen wurde, machte sich der Vater mit uns Kindern auf den Weg. Zu siebent zogen wir los, in Schönau aber kamen wir zu zwanzig an! Nachbarskinder sahen uns und fragten, wo wir denn hingehen. Wir sagten: Wir gehen zum Turmkreuzstecken nach Schönau. Turmkreuzstecken in Schönau!, sagten die Kinder bettelnd, dürfen wir bitte mitgehen zum Turmkreuzstecken nach Schönau? Den Kindern war an diesem frühen Nachmittag langweilig, die Bauern legen sich nach altem Väterbrauch am Sonntag nach dem Essen nieder und schnarchen, um erst am hohen Nachmittag aufzustehen, ein wenig nach den Feldern zu sehen und schließlich, was die Männer betrifft, noch kurz ins Wirtshaus zu schauen. Turmkreuzstecken in Schönau war da für die alleingelassenen Kinder eine aufregende Abwechslung. Wir aber wurden von Haus zu Haus und von Ortschaft zu Ortschaft immer mehr, Vater wurde es langsam recht peinlich. Ich komme mir ja schon vor wie der

Rattenfänger von Hameln, sagte er. Ja, Herrgott, dürft ihr denn überhaupt mitgehen, was sagen denn die Eltern, fragte er. Ach, wir dürfen schon, sagten die Kinder, der Vater und die Mutter schlafen eh. Na dann in Gottes Namen, sagte der Vater. Nicht alle Kinder aber waren für einen solchen Fußmarsch gerüstet, einige waren auch ungekämmt und ziemlich ungeschneuzt. Vater genierte sich wohl auch ein wenig, als er mit dieser Schar von Kindern in Schönau am Festplatz vor der Kirche eintraf. Die Leute staunten auch nicht wenig, als sie diese große Gruppe kleiner Festteilnehmer mit der erwachsenen Person, die ganz offensichtlich kein Lehrer war, daherkommen sahen. Einige Bauern, die den Vater kannten, frotzelten auch und fragten: Gehören die alle dir, Müller? Ein anderer sagte: Na, Müller, da sind aber schon ledige auch dabei?

Das Turmkreuzstecken selbst war eine atemberaubende Sensation. Zwei Arbeiter standen frei auf der Zwiebel unter der Laterne und winkten, daß man sehen konnte, daß sie sich nicht halten mußten. Sie waren zwar durch eine Notleine gesichert, bewegten sich aber leichtfüßig und freihändig wie Akrobaten und Artisten in der Zirkuskuppel. Die Leute auf der Erde legten den Kopf in den Nacken, sahen zu den Verwegenen hoch und konnten sich nicht genug wundern. Frauen waren ängstlich, wie es sich damals gehörte, und konnten gar nicht hinschauen. Ihre Männer aber beschwichtigten sie und taten mutig und überlegen, als wären nicht die beiden Männer einer Spezialfirma da droben, sondern sie selbst mit der schwierigen Arbeit betraut. Da brauchst du dir nichts

114

dabei denken, Marie, sagte einer, schau dir's nur an, damit du siehst, wie es gemacht wird. Andere fluchten vor Anerkennung: Jetzt schau dir das an, Herrgott Sakrament, ja ist denn das die Möglichkeit, hast du so etwas schon erlebt! Ein anderer sagte, als wäre er früher skeptisch gewesen, aber jetzt überrascht und restlos überzeugt worden: Nein, das hab ich nicht geglaubt, Kreuz Sakrament, mein Lieber, das sind wilde Hunde, wilde, Kruzifix noch einmal!

Nachdem das geweihte Kreuz aufgezogen und gesteckt war, wurden eine Flasche und Gläser aus dem kleinen Fenster der Laterne gereicht. Die Männer hielten die Flasche und die Gläser triumphierend in die Luft. Dann schenkten sie sich ein und prosteten sich gegenseitig und auch den Menschen auf der Erde theatralisch zu. Sie rezitierten einen Trinkspruch, den man herunten aber kaum verstand. Mit großen und ausholenden Gesten tranken sie aus, und in einem weiten Bogen warfen sie die Gläser in den Friedhof hinunter. Mein Gott, wird doch hoffentlich niemand da drüben stehen, sagte eine Frau besorgt.

Am Schluß gab es bei den Wirten des Ortes eine Nachfeier. Wir kehrten aber nicht ein, weil Vater sagte, er habe gar nicht so viel Geld eingesteckt, um vielleicht jedem Kind ein Kracherl oder gar ein Paar Frankfurter Würstel zu kaufen, es sei nicht der Geiz, aber besser sei es, wir verzichteten alle auf Essen und Trinken, als nur ein paar.

Auch die Glockenweihen habe ich als sehr lebendige Feste in der Erinnerung. Damals war es Brauch, daß jede Glocke nicht nur einen himmlischen Heiligen benannt bekam, zu dessen Ehre sie zuvor läutete, sondern auch eine irdische Patin. Die größten Bäurinnen der Pfarrei übernahmen mit einigem Bauernstolz die Patenschaften der einzelnen Glocken, nachdem sie davor natürlich für die Anschaffung dieser Glocke tiefer in die Tasche gegriffen hatten. In meiner kindlichen Logik kam ich zu dem Schluß, daß für die größte, dem heiligen Georg geweihte Glocke nicht die größte Bäurin vom Besitz, sondern vom Leibesumfang her als Patin ausgewählt wurde, was im besonderen Fall zu- und zusammentraf.

Später machten sich die jungen Burschen beim Läuten im Läuthäusel oft einen Spaß daraus, die Glocken mit den Namen ihrer Patinnen zu bezeichnen. Wer nimmt die Wennauer, fragten sie. Oder einer sagte: Ich pack die Grubhoferin. Die größte Glocke läutete immer der Oberministrant, die dicke Mechterl zog regelmäßig der starke Sollneder, der meistens auch die Orgel molk. Die Läuterbuben hielten auch mit ihren Glocken Zwiesprache: Geh, Simmerin, laß dir doch nicht so schön tun... Die älteren unter den Glöcknern, die gar nicht immer Ministranten waren, sondern diesen im Läuthäusel von anderswoher oft zuvorkamen und sie richtiggehend verdrängten und ausschalteten, führten oft schon sehr lockere und anzügliche Reden.

Es war dem Pfarrer bekannt, daß es beim Läuten nicht immer fromm zuging, einige der Läuterbuben, sagte er, sind Lotterbuben und Lausbuben. So kamen ihm die Technik und die Möglichkeit der Elektrifizierung gerade recht. Damit werde er das Läuten läutern, sagte er. So wurden nach dem Einbau der elektrischen Läutemechanik die Glokken von einer großen Schalttafel in der Sakristei aus automatisch bewegt. Man mußte dabei jeweils zwei Schalter bedienen, einer setzte die Glocke in Gang und ließ sie schwingen, mit dem anderen Schalter aber löste man den bis dahin fixierten Klöppel aus. Ausgeschaltet war die Glocke leicht, man mußte lediglich mit einem Knopfdruck den bis dahin frei fliegenden Klöppel wieder einfangen.

Zu Weihnachten im Jahr 1952 war es soweit, daß die Arbeiten zur Umrüstung des Geläutes abgeschlossen waren und die Glocken zum ersten Mal elektrisch geläutet wurden. Vater sagte aber, es sei leider doch nicht mehr ganz der alte Klang, früher hätten die Glocken satter geklungen. Auch andere ältere Leute meinten, es klinge alles irgendwie anders heute, aber nicht mehr so friedlich wie früher, damals sei alles seelenvoller gewesen. Als dem Pfarrer solche Einwände gegen das elektrische Läutwerk zu Ohren kamen, mußte er sich ärgern. Er hielt sie für haltlos. Als er in einer Predigt darüber sprach, wurde er richtig böse. Er nannte das, was da ältere Menschen gegen das neue Geläut und für die früheren Verhältnisse vorgebracht hatten, den *Schnee vom vergangenen Jahr.* Er zitierte ein Kirchenlied und sagte: *Süßer die Glocken nie klingen.* Mein Vater aber blieb dabei, daß nichts mehr wie vordem sei. Weihnachten insgesamt sei früher stimmungsvoller und freundlicher gewesen, heute sei alles geschäftlich und sehr friedlos. Weil Gott in der Höhe die Ehre nicht mehr dargebracht werde, darum sei auch kein Friede bei den Menschen auf Erden.

Sternsinger

Damals war das Recht des Sternsingens bei den ärmeren Familien. Da die Heiligen Drei Könige heutzutage ja nicht wie ihre biblischen Vorbilder Kaspar, Melchior und Balthasar Geschenke, Gold, Weihrauch und Myrrhe bringen, sondern im Gegenteil milde Gaben heischen und etwas abholen, Almosen und Trinkgelder, bedeutete dieses Recht eine Art Sozialhilfe, ein Privileg für Unterprivilegierte. So wie jeder Handwerker seinen festgesetzten Rayon und sein begrenztes Ausgehgebiet hatte, so hatten auch die Sternsinger ihren umschriebenen Geschäftsbereich.

Sternsingen war zwar kein Sakrament, aber doch ein frommer Brauch, der im Gemeinschaftsleben einen festen Platz hatte. Waren die Sternsinger schon bei euch? Das war eine Frage wie nach dem Datum oder etwas Naturgegebenem. Die Sternsinger hatten ihr *Geu,* wie es hieß. *Ins Geu kommen* aber, was soviel bedeutete wie in ein *fremdes* Gebiet gehen, also hinausgrasen, war auf jeden Fall verpönt, wenn es auch nicht geahndet wurde. Dieselben Familien, denen das Sternsingen gegeben war, erbrachten im Laufe des Kirchenjahres noch andere und ähnliche Dienstleistungen. Sie waren es meist auch, die die sogenannten *Palmbuschen* herstellten und banden. Sie trugen sie am Palmsonntag in die Kirche, ließen sie weihen und brachten sie dann in die Häuser ihres Geus, wofür sie bezahlt wurden. Die Palmbuschen wurden in den Stuben und Kammern hinter die Kruzifixe, aber auch auf den Feldern in die frischen Saaten gesteckt. Am Nachmittag des Ostersonntags gingen die Bauern auf die Felder die Palmbuschen ausstecken. Man konnte um diese Zeit auch bereits genau sehen, wie sich der Winter auf die Saat ausgewirkt hatte, und Vorhersagen über die kommende Ernte treffen.

Die Heiligen Drei Könige meiner Erinnerung waren alles andere als stilecht angezogen, sie waren vielmehr abenteuerlich verkleidet. Sie waren in allem fremd und seltsam, kamen, was die Mode betraf, sichtlich von weit her. Wie viel aber an Verfremdung läßt sich erzielen durch bloßes Wenden eines Rockes, sodaß das Futter nach außen kommt! Mancher König glich, die Krone ausgenommen, ziemlich genau dem heiligen Nikolaus. Die Schwierigkeiten bei der Kleidung kamen zum Teil von der Witterung und dem kontinentalen Klima. Es war oft fürchterlich kalt, sodaß die morgenländische Kostümierung durch abendländische und winterfeste Stücke wie Schals, Pullover, Pelzstiefel und Pelzmützen statt der phrygischen Kappen oder Kronen ergänzt werden mußte. Mancher trug auch über dem glitzernden Königsornat einen Hubertusmantel oder unter der Krone seine schwarzen Ohrenschützer, was natürlich den orientalischen Gesamteindruck beeinträchtigte. Auch das Lied- und Spruchgut unserer Heiligen Drei Könige war sehr bunt und gemischt. Der Eindrucksvollste war natürlich der schwarze Kaspar. Er war noch ein richtiger Mohr, nicht bloß ein Neger. Er war der Magischste unter den Magiern, anziehend und abstoßend und furchterregend zugleich. Mancher Kaspar mißverstand seine Rolle auch und schwärzte mit seiner rußigen

Hand die Hausleute an. Daraus entstand manchmal kein geringer Tumult, daß man meinte, wir schrieben den 6. Dezember und nicht den 6. Jänner.

Daß ein Schwarzer König sein sollte, kam mir damals schon unwahrscheinlich vor. An der Krippe der Pfarrkirche stand außerhalb der Umzäunung ein kleiner Mohrenknabe aus Porzellan, er stand auf einer Sammelbüchse und hatte vor der Brust in seinen Händen eine Art Korb, der einen Schlitz zum Einwerfen von Münzen aufwies. Warf man aber eine Münze in diese Öffnung, so nickte der kleine Neger mit dem Kopf und bedankte sich im Namen der Mission artig für die Spende. Ich konnte mich an dieser Puppe nicht sattsehen, und ich habe dort nicht wenig geopfert, nur um den Nicker danken zu sehen. Daß es die Schwarzen in dieser Welt schwerer als die Weißen hatten, dafür fand man auch Anschauungsunterricht und Beispiele bei den amerikanischen Besatzungssoldaten. Auch ein Kind konnte schon an den Uniformen ersehen, wer bei ihnen das Sagen hatte. Wir haben die Sterne gesehen. An den Sternen erkannte man, wer hier die Kaiser waren. Zur Sommerszeit haben wir oft für weiße Soldaten Regenwürmer gesucht, wenn sie fischen kamen, wofür wir mit Schokolade belohnt wurden.

Regenwürmer für die Fische, Schokolade als Köder für uns Buben. *Blis gif mi sam dschoggelid* sagten wir zu den Amerikanern. Vater sagte damals, daß die Neger, von denen wir beim Einmarsch viele sahen, nun wieder abgezogen und im Korea-Krieg eingesetzt werden. Die Schwarzen sind sehr gut im Kämpfen, sagte er, zum bloßen

120

Besetzen, zum Herumsitzen und Fischen aber tun es Weiße auch. Er sagte, daß die Neger deshalb so gut kämpfen können, weil sie nichts zu verlieren haben.

Um Heilige Drei Könige herrschte nach den Messen bei der Krippe oft ein größeres Gedränge als am Weihnachtstag. Plötzlich wurde die Krippe am rechten Seitenaltar, die man schon ein wenig vergessen hatte, wieder und noch einmal hochinteressant und attraktiv. Dabei waren es nicht nur die Magier selbst, sondern vor allem ihre Reittiere, die die Kinder magisch anzogen, das Kamel, der Elefant und das Pferd; was waren, verglichen mit diesen tierischen Exoten und Ungeheuern, Elefanten und Kamelen, die kleinen Ochs und Esel, wirklich nur Ochs und Esel. Ich hatte solche Tiere nie in Natur gesehen, den ersten Circus mit fremden Tieren erlebten wir wohl um das Jahr 1950 in Wels. Die Tiere der Krippe wurden von kleinen Halterbuben gehütet oder an Zäumen gehalten. Ich versetzte mich an ihre Stelle und stellte mir diesen Dienst sehr gefährlich vor. Mir war einmal im Herbst, als wir täglich am Morgen die Kühe auf die Weide und abends zurück in den Stall führten, eine Kuh auf den Fuß getreten, und es hatte entsetzlich weh getan. Wir schimpften störrische Kühe als *Trampeltiere,* hier handelte es sich aber um ein wirkliches Trampeltier! Überhaupt hatte ich die großen Tiere als etwas sehr Gefährliches und Widerspenstiges erlebt. Nur die Ochsen schienen von einer unerklärlichen Geduld und Sanftmut. Es gab damals einen einzigen Bauern – er hieß mit Hausnamen Hamel –, der mit Ochsen wöchentlich von weither in Vaters Mühle kam.

121

Und oft hörte ich die Zugkraft seiner Ochsen von verschiedenen Leuten rühmen. Er und seine Ochsen wurden immer dann geholt, wenn alle anderen Bauern mit ihren Pferden am Ende waren und alle Stricke rissen, wenn etwa die Dreschmaschine in einen Graben gefallen oder im Morast steckengeblieben war. Mit Ochsen, sagte der Vater, kannst du die Dreschmaschine oder den Dampfer aus der Hölle herausholen. Die Rösser *reißen*, sagte er, aber die Ochsen *ziehen*. Die Ochsen arbeiten wie eine Winde, hieß es, sie prellen nicht drein, sondern spannen langsam die Seile und ziehen dann unwiderstehlich wie eine Schraube. Ich rätselte über das Geheimnis der Ochsen, ich hielt sie neben den Kühen und Stieren für eine eigene tierische Rasse, bis ich, gewitzigt durch entsprechende Erfahrungen bei unseren Pferden, erkannte, was man ihnen angetan und wie man sich die Trauer im Auge des Ochsen erklären mußte. Hamels Ochsen, sagten die Leute, haben mehrfache Pferdestärken, schade nur, daß Ochsen so langsam sind, hieß es. Mit meinem Gymnasiumswissen aus der Physik erklärte ich mir später die Sache so, daß Ochsen zwar Arbeit, aber wenig Leistung, also Arbeit in der Zeit, vollbringen. Ein anderer Bauer hatte einmal versucht, Stiere abzurichten und einzuspannen. Das hat sich aber als undurchführbar erwiesen. Ein Stier, hieß es, arbeitet so lange, bis er eine Kuh sieht. Spätestens dann aber ist Endstation; wenn ein Stier das Weibchen schnuppert, legt er die Arbeit auf der Stelle nieder und spannt sich selbst aus. Feierabend! Gegen den Trieb helfen auch keine Scheuklappen. Du sollst einem Ochsen, der da drischt, nicht das

Maul verbinden, liest man im Alten Testament. Ähnlich war es auch bei den Pferden, wo ebenfalls nur die verschnittenen Wallache zu einer ordentlichen Arbeit zu gebrauchen waren, Stuten und Hengste aber meistens auch etwas anderes im Kopf und im Blut hatten.

Nach dem Krieg blühte ein schwunghafter Pferdehandel. Nach Beendigung der Kriegshandlungen waren viele Militärpferde sozusagen brotlos geworden, sie wurden nun auf den Markt geworfen und waren relativ billig zu haben. Es zeigte sich aber, daß viele dieser Pferde für die Landwirtschaft untauglich waren. Sie waren zu Reitpferden dressiert und konnten dem friedlichen Dienst bei einem Bauern hinter dem Pflug nichts abgewinnen. Nachdem sie hohe Offiziere und vielleicht Herren vom Generalstab geritten hatten, verschmähten sie nun den Landbau. Die Frage, ob ein Roß beim Militär gedient hatte, war beim Pferdehandel nach 1945 eine ganz wichtige. Wer diese Vergangenheit verschwieg, war ein Roßtäuscher. Im Krieg wurden bei den Bauern auch Pferde requiriert. Nachdem sie aber beim Militär gewesen, waren sie, wenn sie nicht ohnedies umkamen, für die Landwirtschaft verloren. Unvorsichtigerweise kaufte Vater 1946 aus der Konkursmasse des Dritten Reiches ein solches Pferd, es war eine Braune, schön anzusehen, aber für unsere Zwecke nicht zu gebrauchen, wie sich herausstellte. Es begann damit, daß sich die Stute nicht einschirren lassen wollte. Als sie Kiss und Kummet endlich nach vielen Drohungen und Schlägen am Nacken trug, ging sie um nichts in der Welt zur Deichsel. Als man sie auch dorthin geprügelt und eingespannt hatte, schoß sie, ohne auf einen Zuruf zu warten, unvermittelt los, sodaß der Knecht eben noch auf den Bock des Gasselschlittens springen konnte. Der Knecht hatte, als er später von dieser Fahrt über Stock und Stein quer durch das Land, ohne Rücksicht auf Straßen und Gräben, Äcker und Wiesen, zu Fuß zurückkam und berichtete, noch immer das Entsetzen in den Augen; so eine Höllenfahrt war ihm noch nicht untergekommen. Mit diesem verdammten Krüppel, sagte er zum Vater, kannst du selbst fahren, mich bringst du nicht mit zehn Rössern mehr dazu. Er lasse sich nicht umbringen und sei kein Selbstmörder. Der elegante Gasselschlitten aber war nur noch eine Ruine. So verkaufte Vater die Stute wieder mit Verlust. Es war schwer, überhaupt einen Käufer aufzutreiben. Reitpferde waren nicht gefragt, die Leute hatten nach dem Umbruch andere Sorgen als Herrenreiten. Und einen Dummen, der, wie einst er selbst, der Meinung war, man könnte ein Militärpferd umerziehen, sozusagen entnazifizieren, fand der Vater leider nicht. Seine Vergangenheit ließ sich nicht mehr bewältigen.

Es ist eine Frage wert, wie eigentlich der Ochs in den Stall von Bethlehem kommt. Nur einer der Evangelisten berichtet ausführlicher über Christi Geburt, der heilige Lukas. Bei ihm ist (wie auch am Rande bei Matthäus) von einem Stall die Rede, aber nicht von irgendwelchen Tieren. Kann es sein, daß sich in der Belegung des Stalls der Krippen durch den Ochsen die spätere Moraltheologie, insbesondere die kirchliche Geschlechtsmoral meldet? Wo liegt der Grund für die entsexualisierte Umgebung und dafür, daß kein Bulle, sondern nur der neutrale Ochs für würdig befunden wurde, im Stall zu stehen?

Menschen und Tiere darf man nicht vergleichen, man darf sich aber an Matthäus 19,12 erinnern: »Nicht alle fassen dies, sondern nur die, denen das Verständnis dafür gegeben ist. Es gibt Ehelose, die vom Mutterschoß an so geschaffen sind; und es gibt Ehelose, die von den Menschen dazu gemacht sind; und es gibt Ehelose, die um des Himmelreiches willen der Ehe entsagen. Wer es fassen kann, der fasse es.« Ausgehend von dieser Stelle hat sich der Kirchenvater Origenes, der übrigens die in der Bibel unbestimmte Zahl der Weisen aus dem Morgenland wegen der drei Gaben auf drei festsetzte, der bedeutendste Lehrer der frühen griechischen Kirche, in asketischem Übereifer Anfang des 3. Jahrhunderts bekanntlich selbst entmannt. Einer meiner Geschichtslehrer am Gymnasium hat uns dieses historische Faktum mit aufklärerischem und genüßlichem Spott berichtet. Wir aber konnten es nicht fassen. Ohne Zweifel ist das Verschneiden heute kein gangbarer Weg zur Nachfolge Christi mehr. Aber gleichwohl gilt sicher auch heute wie damals: Die Freiheit und das Himmelreich gewinnen keine Halben. Dafür bedarf es der radikalen Lebensentscheidung und der Zäsur: Du mußt dein Leben ändern. Der große Origenes, der eine *Exhortatio ad martyrium*, eine »Aufforderung zum Martyrium«, verfaßte, tat nach seinem antiken Verständnis tatsächlich das *Einschneidende.* Manchem Lehrer aber, der sicher nicht das intellektuelle Niveau des großen Erziehers Origenes erreicht und auf unwissende Schüler losgelassen wird und seinen oberflächlichen

Unernst verbreitet, möchte man mit Freidanks »Bescheidenheit« zurufen: *Kommt ein Ochse in fremdes Land, wird er doch für ein Rind erkannt!* So wie mich als Kind die Elefanten und Kamele der Krippe lebhaft beschäftigten, so beschäftigte und interessierte mich bei meinen Wiener Geschichtsstudien der Elefanten- und Kamelliebhaber Friedrich II., der Hohenstaufenkaiser, der ein großer Freund der morgenländischen Welt gewesen ist und sich bei den Heiligen Drei Königen viel abgeschaut hat. Aus dem Jahre 1241 wird beispielsweise berichtet, daß er im Kloster San Zeno zu Verona einkehrte und einen Elefanten, 24 Kamele und 5 Leoparden mitbrachte, »nicht zur Freude der gastfreundlichen Mönche«. Der Franziskaner Salimbene wieder schreibt über das Jahr 1235, daß der Viehnarr und Zoologe Friedrich mit einem Elefanten, mehreren Dromedaren und Kamelen, vielen Leoparden, Gerfalken und Adlern durch Parma gezogen sei. Vor allem ist immer die Rede von einem Lieblingselefanten, den Friedrich, wie einst Hannibal in umgekehrter Richtung, sogar über die Alpen brachte. Auch der Tod dieses majestätischen Dickhäuters in Cremona im Jahre 1249 wird mitgeteilt. Liest man aber Friedrichs eigene Briefe, so hat man oft den Eindruck, als habe er sich neben seinen großen Säugern mit seinen Gerfalken, seinen weißen Bären, seinen Luchsen, seinen bärtigen Uhus, seinen Weihen und Sperbern sowie der Entlohnung seiner vielen Tierbändiger, sarazenischen Dompteure und arabischen Falkner mehr abgegeben als mit der hohen Politik. Jahrelang, schreibt er selbst, habe ihn sein Buch über die Beizjagd, »De arte venandi cum avibus«,

126

beschäftigt, in dem er sich nicht scheut, sogar die oberste Autorität Aristoteles mit genauen Angaben über seine eigenen exakten Tierbeobachtungen entschieden zu korrigieren. *Quod licet Iovi non licet bovi,* was Jupiter erlaubt ist, ist deshalb noch nicht auch einem Ochsen gestattet: Friedrich vergleicht Tiere und Menschen! Er vergleicht sich selbst mit dem Leittier beim Vogelzug und nennt andererseits den Leithammel einen *Herzog,* lateinisch *dux.* Er hat, seiner hohen Meinung von seinem eigenen Amt entsprechend, auch auf die Ordnung im Tierreich zu achten. Nur so kann man es verstehen, wenn über ihn in den »Hundert Novellen« mitgeteilt wird, wie er einen Falken zum Tode verurteilte:

»Der Kaiser Friedrich ging einmal auf die Falkenjagd, und er hatte einen ganz ausgezeichneten Falken, den er mehr als eine Stadt schätzte. Er ließ ihn auf einen Kranich los; der aber stieg hoch. Der Falke flog noch viel höher als er. Er sah unter sich einen jungen Adler; er stieß auf ihn, daß er zu Boden stürzte, und hielt ihn so lange, bis er tot war. Der Kaiser lief hin in der Meinung, es sei ein Kranich; er fand, wie es war. Da rief er zornig seinen Scharfrichter herbei und befahl ihm, dem Falken den Kopf abzuhauen, weil er seinen Herrn getötet hatte.«

So rächt ein Kaiser den König der Lüfte. Es wundert mich nicht, daß dieser Friedrich den Zeitgenossen unberechenbar und unheimlich vorgekommen ist. Dem Papst aber erschien dieser Elefantennarr mit seinem Tierkult als der Antichrist in Person, er verfolgte ihn darum mit Acht und Bann. Er war für ihn kein heiliger König. Er

127

nannte ihn sinngemäß den Affen des Teufels, die Ratte der Niedertracht, den Ochsen im Rathaus ... Wegen angeblicher grausamer Versuche, die der Kaiser mit Kindern anstellte, die er in Höhlen aussetzen ließ, um ihre Entwicklung und ihr Verhalten beobachten und erforschen zu können, nannten ihn die Geschichtsschreiber auch Herodes, nach dem Mörder der unschuldigen Kinder.

Immer wieder ertönt in der Geschichtswissenschaft der mahnende Ruf *Ad fontes!* Folgen wir diesem Ruf zu den Ursprüngen und lesen wir den kurzen Text des Evangelisten Matthäus (in der originalen Übersetzung Martin Luthers), die Quelle, aus der alles kommt und fließt:

»Da Jhesus geborn war zu Bethlehem / im Jüdischenlande zur zeit des königes Herodis / Sihe / da kamen die Weisen vom Morgenland gen Jerusalem / vnd sprachen / Wo ist der newgeborne König der Jüden? Wir haben seinen Sternen gesehen im Morgenland / vnd sind komen jn an zu beten.

Da das der könig Herodes hörete / erschrack er / vnd mit jm das gantze Jerusalem / Vnd lies versamlen alle Hohepriester und Schrifftgelerten vnter dem Volck / vnd erforschete von jnen / Wo Christus solt geborn werden? Vnd sie sagten jm / Zu Bethlehem im Jüdischenlande / Denn also stehet geschrieben durch den Propheten. VND DU BETHLEHEM IM JÜDISCHENLANDE / BIST MIT NICHTE DIE KLEINEST VNTER DEN FÜRSTEN JUDA. DENN AUS DIR SOL MIR KOMEN / DER HERTZOG / DER VBER MEIN VOLCK ISRAEL EIN HERR SEY.

Da berieff Herodes die Weisen heimlich / vnd erlernet mit vleis von jenen / Wenn der Stern er-

schienen were? Vnd weisete sie gen Bethlehem /
vnd sprach / Ziehet hin / vnd forschet vleissig nach
dem Kindlin / Vnd wenn jrs findet / saget mirs
wider / Das ich auch kome / vnd es anbete.
Als sie nu den König gehört hatten / zogen sie hin.
Vnd sihe / der Stern den sie im Morgenland gesehen hatten / gieng fur jnen hin / Bis das er kam /
vnd stund oben vber / da das Kindlein war. Da sie
den Stern sahen / wurden sie hoch erfrewet / Vnd
giengen in das Haus / und funden das Kindlin mit
Maria seiner mutter / vnd fielen nider / vnd betten
es an / Vnd theten jre Schetz auff / vnd schenckten
jm Gold / Weyrauch vnd Myrrhen. Vnd Gotte
befalh jnen im trawm das sie sich nicht sollten
wider zu Herodes lencken / Vnd zogen durch
einen andern weg wider in jr Land.«
Soweit die Worte der Frohbotschaft. Zwei Stellen
daraus kommentiert Luther. Einmal erwähnt er,
daß es sich bei dem Propheten, der Bethlehem
vorausblickend als nicht die *kleinest* unter den
jüdischen Städten preist, um Michea handelt. Und
zweitens erklärt er das Wort *Weisen: Die S. Mat-
theus Magos nennet / sind Naturkundige und Priester gewesen.* Das erste ist eine Belehrung und
Erklärung, das zweite eine Klar- und Richtigstel-
lung, die der Theologe Luther sicher nicht zu
Unrecht für notwendig gehalten hat. Das Volk hat
bekanntlich gewisse Lieblingsmißverständnisse,
an denen es unbeirrt, trotz jahrtausendelanger
Bemühungen von Predigern, festhält. So sind etwa
die Armen im Geiste, die Christus in seiner Berg-
predigt seligpreist, nach der Volksmeinung die
Geisteskranken, was nicht gemeint ist, wenn es
der Seligpreisung auch durchaus einen guten Sinn

129

gibt. Was aber ist nicht aus den *Magiern* des heiligen Matthäus in Volksglauben und Volksfrömmigkeit geworden! Aus Philosophen und Astrologen wurden Könige, an denen man auch einen Hinweis und eine göttliche Vorliebe für die Monarchie ablesen wollte. Bekanntlich aber handelt es sich um keine *Könige,* und es waren auch nicht unbedingt *drei,* wie Origenes aus der Dreizahl der angeführten Gaben erschloß. Auch als *Heilige* werden sie weder in der Bibel noch in den Apokryphen oder im Martyrologium, dem römischen Heiligenkalender, ursprünglich genannt. Sie heißen auch dort nur *Magier.* Ihre Namen aber, die wir, abgekürzt, heute noch zwischen den geteilten Jahreszahlen an die Türpfosten schreiben (19-K-M-B-79), haben sie erst im 9. Jahrhundert erhalten. So feiern wir am 6. Jänner die *Heiligen Drei Könige,* die streng nach dem Zeugnis der Schriften weder *heilig* noch *drei* noch *Könige* waren. Sonst ist alles richtig.

Weiß Gott, wem die Knochen wirklich gehörten, die der umstrittene Erzbischof und Reichskanzler Rainald von Dassel, der Ratgeber Friedrichs I., Barbarossas, 1164 von Mailand nach Köln bringen ließ und die als die Gebeine der Heiligen Drei Könige gelten. Rainald von Dassel scheint es mit der Heiligkeit von Königen an sich nicht so genau genommen zu haben. Ihm ist ja auch die Heiligsprechung Karls des Großen vom Dezember 1165 zu verdanken, die später, da sie in der Zeit des Schismas und unter dem Gegenpapst Paschalis III. zustande kam, widerrufen und zurückgenommen wurde. Nur in der Diözese Aachen darf man sich Karls als eines *Beatus,* das heißt Seligen, erinnern.

Ich schließe mich aber als Linzer gerne an. Noch heute gibt es einige Drei-Königs-Patrozinien entlang der alten Translationsstraße, des Überführungsweges der Skelette von Mailand über Chur nach Köln. Martin Luther stand dem Wunderglauben skeptisch und ablehnend gegenüber, was bei den vielen Auswüchsen des Reliquienkultes wirklich kein Wunder war.

Auswüchse gab es natürlich auch bei den Volksbräuchen um das Sternsingen. Die Sternsinger, die in meiner Kindheit von Hof zu Hof und von Haus zu Haus durch die verschneite Landschaft stapften (oder bei mildem und schneelosem Wetter manchmal mit dem Rad, dem sogenannten Drahtesel, fuhren.), haben Schnaps und Most zu trinken bekommen, sodaß sie abends oft schon betrunken waren und ihr *Die haülign drei Kinign hand do* und ihre Neujahrswünsche mehr lallend als feierlich singend vortrugen. Wegen der Trinkerei mußten sie unterwegs auch ständig austreten. Es machte aber kein schönes Bild, wenn man immer wieder nach den Hausbesuchen die drei Könige am Straßenrand stehen und umständlich in ihren vielen Kleidern wühlen und etwas suchen sah, um dann mit dem Gefundenen gelb in den Schnee zu zeichnen.

So kann es nicht weitergehen, sagte der Pfarrer in einer Predigt, das Sternsingen sei in seinen Augen kein frommer Brauch mehr, sondern zu einem unwürdigen Mummenschanz geworden. Er sei jedoch willens, den heidnischen Herumtreibern das Handwerk zu legen und dem Mißbrauch ein Ende zu machen. Kurze Zeit später nahm die Kirche die *missio canonica,* die kirchliche Sendung

131

und Erlaubnis, zurück und das Sternsingen ganz in ihre eigene Regie. Seither übt die Katholische Jungschar, Buben und Mädchen, den Brauch des Sternsingens und sammelt Spenden für Weltmission und Entwicklungshilfe.

INHALT

ALOIS BRANDSTETTER
Meine besten Geschichten

ISBN 3-7017-1153-4, € 20,-

»Am besten finde ich meine eigenen Bücher. Ich bewundere an mir vor allem die nur mir eigene Mischung von Verstand und Gefühl, Rationalität und Sinnlichkeit. Das intellektuelle Niveau meiner Prosa überrascht mich dabei weniger – von einem Philologieprofessor darf man Entsprechendes erwarten –, aber immer wieder verblüffen und verzaubern mich der lebendige Humor und die Spontaneität meiner Bücher.«

Alois Brandstetter über Alois Brandstetter

Residenz Verlag